国家出版基金项目
NATIONAL PUBLICATION FOUNDATION

文化遗产档案丛书

天津皇会

挂甲寺庆音法鼓銮驾老会

冯骥才 主编

史静 郭平 著

段新培 摄影

挂甲寺庆音法鼓銮驾老会，有着近四百年的历史，在天津众多法鼓会中因为有半副銮驾而独树一帜，二〇〇八年被评为国家级非物质文化遗产。作为城市中的民间花会，仍然在原生态和活态传承，表演程式仍秉承传统，具有鲜明的地域性、文化性、艺术性和遗产性。

山东教育出版社

本丛书为国家社会科学基金艺术学项目
"现代社会转型期天津皇会的研究"系列成果之一

丛书编辑委员会

总序

文化存录的必要

冯骥才

在时代急骤转型时，一部分民间文化的消失在所难免。

这种消失，有的是物换星移与新旧交替之必然，有的则因为失去了存在的土壤，无法再活下去；这是一种无可奈何花落去，一种在时代更迭和进程中的"正常死亡"。

当然还有一种"非正常死亡"：或由于利益驱动，自我割除；或由于浅薄无知，信手扬弃；或由于对致富的心情过于急切，草草处决了历史生命。故而，对于现存的活态民间文化遗产，我们必需抓紧做的事：一是力保，一是存录下来。

存录，就是在一项民间文化（即非物质文化遗产）尚在活态时，抓紧对其进行全面的田野调查，同时运用各种技术手段，尽可能将其完整地、客观地、翔实地记录与保存下来。存录的目的是把动态的、不确定的、分散存在的、保留在人们的记忆、行为或口头上的文化遗产，采集下来，进行科学整理，从而为该遗产建立一份永久性的档案。

这样做的目的，一方面使我们对自己的遗产有完整而清晰的认识，有了必备的文献性的依据；一方面在其不可挽留时，还备有一份历史存照，不致烟消云散，化为乌有。这既是对遗产的科学态度，又是对历史创造应有的尊重，也是遗产学的工作之本。

十年来，存录的做法一直贯穿在我们文化遗产抢救的始终，如在中国木版年画、剪纸、唐卡、泥彩塑等诸多方面都进行了系统的存录和建档的工作。历史上，我们对民间文化多是成果或作品的采集。很少通过人类学、民俗学、历史学、民艺学等多学科的交叉和综合角度，进行整体的考察与田野记录，很少使用口述调查与音像记录等手段。这种方法是我们在社会转型期间，对中华民族的历史创造进行地毯式田野抢救时所采用的一种创造性的学术方法。在2009年举行的"田野的经验"国际会议上得到与会各国专家的公认和肯定。

十年来在全国各地已有很多学者与专家对某一专项民间文化遗产抢救时，也使用了这种方法。

这里则是对国家非遗的"皇会祭典"进行了如是的调查、整理和存录。

曾经兴盛于北方重镇天津、从属于妈祖祭典的皇会，具有深厚的文化内涵，浓郁的历史情韵，严格的程序套路，高超的表演技艺与强烈的地域精神。我国民间花会遍布民间，呈现于各地庙会与民间节庆中，像天津皇会这种大规模的都市民俗尚不多见。尤其令人惊讶的是，在当代都市大规模改造和居民动迁之后，这种民间结社性质的许多老会，依然"气在丹田"，凝聚不散，自行组织，自发活动，并没有被商业化，依然朴素地保持着民间文化的纯正性，为当今社会所罕见。表现了这一地域文化曾经扎根于民间之深之牢。同时我们也看到，在现代强势的都市文明的冲击下它面临的黯淡的前景与日渐消解的现实。为此，为这一城市的历史文化遗产建立科学的文化档案是我们必须承担的使命。

天津皇会始于清初，每年阳春三月海神妈祖诞辰吉日举行庆典，城郊各会齐聚天后宫，上街巡游，逞能献艺；一时城中万人空巷，会间百戏杂陈。极盛时期各类花会多至千余道。三百年以来，时代变迁，社会更迭，及至"文革"后百废待兴之时，尚存近半；然而，它所经历的最大的挫折应是近三十年的现代化冲击，致使当下仅存的老会不及百道。对其进行调查、整理、研究、存录及保护，给予主动和积极的学术支撑，都是刻不容缓的事。故此，我院一边将"现代社会转型期天津皇会的研究"作为重点科研课题（已列入国家社科基金学术研究项目）；一边对重点老会开展调查，逐一建立档案。本书便是该档案的文字与图片部分。

此次为皇会立档，一要做史料考证，二要做田野调查。前者求实，后者求真。对每道皇会都涉及其历史沿革、重要人物、技艺特征、音乐曲谱、器物种类、文献遗存、会规会约、传承谱系等等，这些历史上都鲜有记录。调查与印证之难自不必书，存录的价值与意义自在其中。应该说对这一历经数百年极具特色的民俗文化，在其濒危之际，将其完整又翔实地存录下来，亦是一个小小的历史性的贡献。

我很高兴，这项工作已被我院一些年轻的师生承担起来了。由于他们此前完成了《中国木版年画传承人口述史丛书》，我相信这一套天津皇会档案能达到应有的文化质量与价值。

文化的存录对一个民族来说，是记忆，是积累，是面对过去、更是面对未来必需做好做细做扎实的事情。

是为记焉。

2013年5月31日

于天津大学冯骥才文学艺术研究院

目录

第一章

源起、沿革与文化空间

一、社区历史文化概况

天津市河西区挂甲寺庆音法鼓銮驾老会，坐落于今河西区挂甲寺街。最早时的挂甲寺村落范围不大，在大沽路以东。现在的挂甲寺在天津市河西区东部，社区范围大致在今小围堤道以北，湘江道、重华大街以南，海河之西。挂甲寺村至今已有近一千五百年的历史。挂甲寺又称挂甲禅寺，最早名为庆国寺，《大直沽探古》中提到："挂甲禅寺原名庆国寺，相传隋炀帝开凿运河并在杨柳青栽种杨柳之后，遂沿海河顺流而下，看到一片

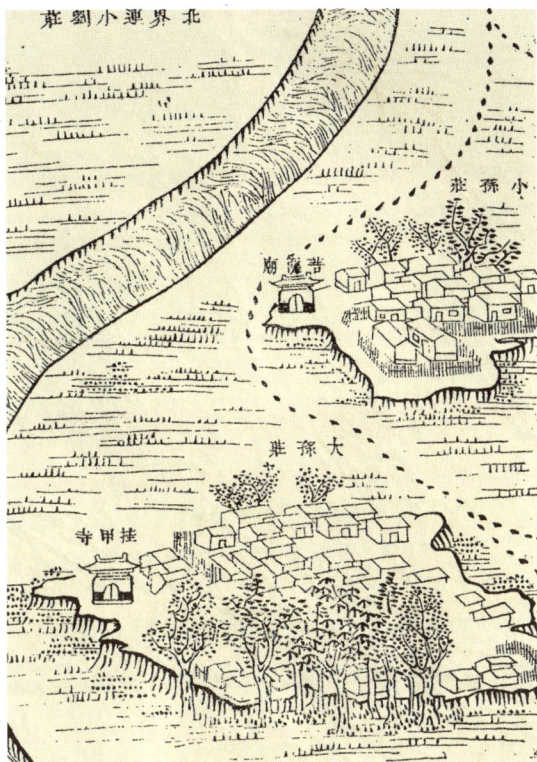

《津门保甲图说》中绘制的挂甲寺及周边地图

花明柳暗之地，在杨柳之间有几户人家，炊烟萦绕，很有一派太平盛世的气象。高兴之余，炀帝便命人建造一座佛寺，并赐名庆国寺。后来唐太宗李世民第二次征高句丽，得胜回朝，其中一支部队由大将尉迟敬德率领，由营口乘木筏渡海进入海河，溯流而上，到了庆国寺这里修整，众官兵解甲胄在寺院晾晒数日。此后寺名改称为挂甲寺。"[1]

挂甲寺附近海河流域有四十八个村，归四个官庄管，四个官庄的头儿就是挂甲寺，挂甲寺最早叫大孙庄，以村中的首户孙大官人的姓起的村名，而挂甲寺庙也坐落于庄内。挂甲寺香火旺盛，各处来此烧香者众，声望高名气大，人们一说上哪儿去，就说"上挂甲寺"，寺名日渐超过了村名，久而久之，大孙庄之名便无人称呼，渐渐改成了挂甲寺村。

史料对挂甲寺地方记载颇多，1600年（明万历二十八年）的《重建挂甲寺碑记》就记有："大直沽迤南三里许，有古刹曰庆国寺，后名挂甲寺。其由来远矣，图经无考，得于父老传闻云：当大唐征辽奏捷，驻师此寺，因更名焉。世远倾颓，遗址尚在。"挂甲寺庙香火十分鼎盛。有据可查，该寺重新修建共四次，第二次在清朝末年，1944年又第三次重修山门，到解放前，由于战火累及，庙已倾圮，后改为挂甲寺文化站。20世纪90年代，挂甲禅寺被重新修建。

挂甲寺原在海河之东，今日的解放南路曾是海河旧道，后来变成解放南路中学和冶金实验场之间的宽阔马路。在海河没有裁弯取直之前，挂甲寺及挂甲寺村位于海河以东。1901年，八国联军入侵天津以后，为兵舰行驶方便，开挖新河道，把这段海河裁直，于1902年竣工。当年的大孙庄（挂甲寺村）恰处在三面环水的地带，西与海河西岸的贺家口隔水相望，东与小孙庄接壤，为一个小村庄。到清道光年间（1821—1850年），大孙庄已形成比较完整的村落，与小田庄、小孙庄为一连环保，共有293户、

1.刘义树、赵继华编著：《大直沽探古》，天津社会科学院出版社，2005年，第58页。

1384人。1902年，海河裁弯取直后，大孙庄和小孙庄分离于海河两岸，形成现今地貌，这时大孙庄则成为海河西岸的村落。

挂甲寺村紧邻海河，码头多，脚行多，所以挂甲寺村人有码头性格，不畏强暴、勇敢、坚强，爱国主义情结浓厚。1900年八国联军入侵天津，挂甲寺村长孙国瑞带领村民会同义和团首领邢家亨、闫震共同抗敌，誓死保卫家乡。义和团和村民利用海河弯曲水浅、敌军行船缓慢的弱点，埋伏在芦苇丛中，用大刀、长矛、土枪、猎枪狙击侵略军，使最先闯入海河弯道的德国士兵伤亡惨重。从5月到6月上旬，共击毙敌军100多人。6月14日，侵略军炮击沿河两岸，义和团和村民们奋起抗敌，坚持多时，终因力量悬殊而失败，义和团首领邢家亨、闫震等战死沙场。6月18日八国联军攻陷天津后，德军又向挂甲寺一带进行报复。21日，数百名德军搜捕孙国瑞等人，孙国瑞为了保护乡亲百姓，挺身而出，英勇就义。

挂甲寺庆音法鼓老会的老人们说挂甲寺也叫鞑子地，此地至今还流传着八月十五闯王杀鞑子的故事，他们认为挂甲寺的老祖宗大部分都是燕王扫北时过来的移民，后在此地定居，所以天津话跟安徽话有近似的地方。

挂甲寺村人口不太多，过去以一条小河沟和上面的小桥为界，分为桥东街、桥西街。有四大户，闫姓、傅姓、冯姓、孙姓。当时，村里的街道很多是以这些姓来命名，街上的住户也多是这个家族的人家。会里的李相义师傅原来住的地方叫东李胡同，要是有五户，其中至少有三户姓李。其他街道以姓氏命名的有小严胡同、范家大街等。范家、王家等也是主要住户。陶姓分布在各街，并在桥东街设有陶家盛恩恒杂货铺，被当地老百姓称为陶家小铺。

挂甲寺村土地肥沃，居民世代务农，基本以种菜为生，靠劳动吃饭，没有太多收入。而这些人成为花会的主要组成人员，有力气，有胆识，好胜逞勇。村上也有大户，有的做买卖，有的在估衣街开绸缎庄。这些大户的住宅往往以姓氏命名，如王家瓦房、于家瓦房，这些人有钱，有钱人才能住得起四合院的大瓦房，穷人住的是茅屋或土坯房，街道胡同弯曲狭窄，商业店铺稀少。20世纪初期，挂甲寺村附近工业有所发展，北洋（今第六棉纺厂）、裕元（今棉纺二厂）两大纱厂相继建成，村中农民逐渐转成产业工人。

挂甲寺村有一句俗话叫"小孩儿小孩儿你别馋，过了腊八就是年"。这个地方过年时有一些特别的讲究。过完年后，店铺要开张，开张时先要叫一个家里面父母健在、兄弟姐妹也都很健康的人（这样的人被称为"全人"），来家里面坐坐，沾点吉庆。老天津人还有正月十五吃汤圆、二月二吃闷子和烙饼鸡蛋的习俗。

大直沽的娘娘庙是东庙，天后宫的娘娘庙是西庙，也叫小直沽庙，"先有大直沽后有小直沽"。挂甲寺离大直沽的娘娘庙较近，所以，多去大直沽的娘娘庙出会。

挂甲寺一带的民间花会组织，除了有挂甲寺庆音法鼓銮驾老会外，还有打花棍。打花棍男女皆可，花棍为一尺二三寸长，一寸宽的木质花棍，一边刻着龙，上边有两个雄鸡翎、两个红缨球，底下有缨子，另有两个响铃，打起来会有节律地响，一边走一边打花棍，表演穿篱笆等动作，整齐好看，手脚需紧密配合，脚下需闪展腾挪。但解放后，打花棍便失传了。挂甲寺庆音法鼓銮驾老会尝试恢复这一传承断裂的民间艺术，但举步维艰，不仅资金困难，而且由于失传太久，打花棍的唱词和动作的进一步恢复还有待时日。

二、老会的源起、发展与变迁

法鼓，是天津特有的一种音乐舞蹈表演形式。天津市在1931年前总共有法鼓会27道，其中最出名的有8道。天后宫五位娘娘，每位都会有一道法鼓保驾。出会时五位娘娘的排列顺序固定，不因时代的变迁而改变：送生娘娘，由小园西园法鼓保驾；癍疹娘娘，由南头窑同心法鼓保驾；子孙娘娘，由侯家后永音法鼓保驾；眼光娘娘，由紫竹林东园法鼓保驾；天后娘娘，由大觉庵金音法鼓保驾。1936年最后一次皇会，西园法鼓因故由宫前的宫音法鼓代替，而其他法鼓仍然万变不离其宗，该伴随哪位娘娘还伴随哪位娘娘。

此外有名气的还有芥园庙花音法鼓，会址设在芥园庙，成立于清道光年间。出会时有两个戏班，共80多人，起初演员皆武生打扮，后来改为蓝布大衫。龙亭公议井音法鼓会，会址设在龙亭，成立于清乾隆年间。《天津皇会考纪》记载："他们的组织是一个法鼓、四副钗铬、四副铛子、六副铙、七副钹，出会的时候，前行也和旁边的法鼓会一样，有茶挑子、软硬联、旗子、灯牌等等东西。"侯家后永音法鼓会，成立于明永乐年间。法鼓特点是以乐器出手见长，即把乐器抛在空中，并在落后接住，继续敲打。《天津皇会考纪》记载："他们的组织，是五个人敲钹，四个人敲铙，四个人敲铬子，四个人敲铛子，一个人敲鼓。"宫前宫音法鼓会，成立于清光绪二十五年。出会时队伍浩大。《天津皇会考纪》记载："前边为软硬对联、茶筥、茶催子、旗子、灯牌等等的物件。练法鼓的人随在中间，最后是两个鼓。"南头窑同心法鼓会，成立于清道光年间。《天津皇会考纪》记载："每逢出会的时候，前行有高照四个，软硬对联各一副，围笼、茶筥、茶催子，应有尽有。后随着十副铙、十副钹、八副铬子、八副铛子、大鼓一面。四周有会员打着旗子，负责维持秩序。"

挂甲寺庆音法鼓銮驾老会在天津法鼓界颇有名气，很大程度上是因为拥有半副銮驾，这是全国独有的一套庙会器具。半副銮驾据该会会员讲是明朝一位娘娘所赐，因此得名。过去在海河流域西部四十八村中有四个官庄，其中以大孙庄（即后来的挂甲寺村）为首。据传，这个地区在明代被称为"脂粉地"，税收被纳为崇祯皇帝后妃娘娘脂粉的供银。明朝末年，天灾战乱严重，各地歉收，唯独大孙庄娘娘高兴之余，赐了半副銮驾下来。

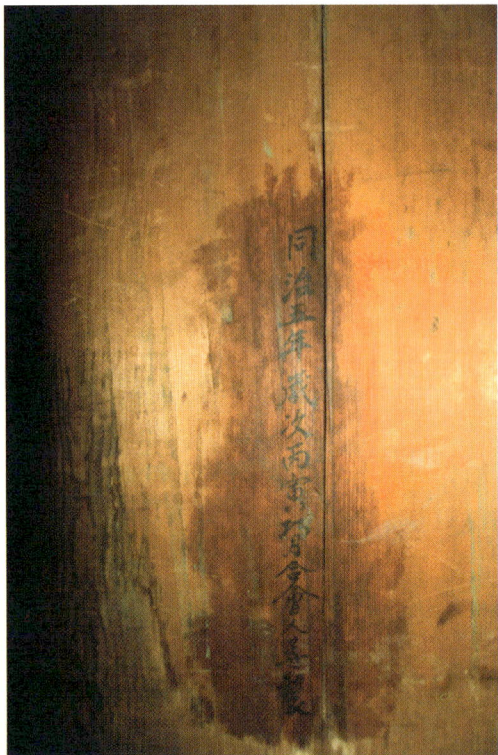

鼓箱上"同治五年岁次丙寅巧月合会人等制"字样

丰产，没耽误给娘娘提供的搽胭脂抹粉钱，娘娘高兴之余，赐了半副銮驾下来。銮驾分为帝驾和后驾，帝驾是皇上用的，后驾是娘娘用的。又有武驾和文驾之说，武驾用金属制作，文驾外面是用布和牛角化的角质做的，并绘以纹样。銮驾有全副銮驾和半副銮驾，全副銮驾包括仪仗执事和轿辇，所谓半副銮驾，是指仪仗执事齐备，独缺轿辇。挂甲寺庆音法鼓的仪仗执事之所以叫半副銮驾就是因为没有轿辇和车辆。该会鼓箱中，有"从明朝崇祯末年赐给挂甲寺"字样的墨迹，另一个鼓箱子上有"同治五年（1867年）岁次丙寅巧月合会人等制"字样。近400年来，挂甲寺百姓为保护半副銮驾付出了巨大的心血。村民祖祖辈辈爱惜老会，这是半副銮驾得以延续下来的根本所在。半副銮驾被赐予大孙庄后，就敬放在挂甲寺大庙内（后移存至挂甲寺东大街佛堂内），逢年过节便请出设摆和祭拜，以示敬仰和自豪之情。

庆音法鼓的全名是挂甲寺庆音法鼓銮驾老会，曾有出版物写为"銮驾法鼓老会"，造成误传。据现任会头傅宝安介绍，他听会上老人郭振清讲过，当年河南某寺院一个名叫游真的云游和尚，来到大孙庄传下了文法鼓。郭振清外号叫郭天知，好说评书，看书多，没有不知道的事。会上年纪最长的李相义回忆："法鼓在这庄子上多少年了，我记得我师爷的时候就玩儿法鼓，师爷的师爷可能就已经玩儿了。"《大直沽探古》里写到："挂甲寺法鼓表演最为精彩。法鼓是庙中的一绝，从僧道做法演奏音乐转化而来。古时法鼓演奏有大鼓、钹、铙、铬子、铛子五种乐器合奏，以鼓为主，其他响器协调配合，通过多种组合，能演奏出几十套鼓牌来。为庙会增添了浓厚的喜庆色彩。"[1]

法鼓会的来源也与民间流行的太平鼓关系密切。过去大孙庄的菜农一到了冬天，就弄个篱笆挡西北风，在太阳底下敲太平鼓，老人们都会。太平鼓自古有之，《红楼梦》里便有记载。此鼓是九连环，三个大环，每个大环里有三个小环。把太平鼓一晃，"仄仄恰、仄仄恰"，和法鼓的点是一样的。比如，天津法鼓会普遍都有的《对联》《绣球》这两套曲子，太平鼓也有，可以佐证一二。各村里头佛堂的铙、钹、铛子、铬子，敲起来也是这个声音，"仄仄恰、仄仄恰"，有的还配以笙、管、笛、箫。所以，天津的法鼓会也有带吹会的，如邵公庄萃韵自立吹会，就是既有法鼓亦有吹会。有的法鼓还有轿辇，如同心法鼓，既有法鼓，还有轿辇。传说，后来五台山一个和尚来到海河，看村民光有太平鼓，就把鼓、钹、铙、铛子、铬子揉合到一起，成立了法鼓会，等于把民

---

1. 刘义树、赵继华编著：《大直沽探古》，天津社会科学院出版社，2005年，第57页。

国家级非物质文化遗产
津门法鼓·挂甲寺庆音法鼓
中华人民共和国国务院公布
中华人民共和国文化部颁发
2008年6月

挂甲寺庆音法鼓2008年被评为国家级非物质文化遗产

间的音乐和寺庙的法器相结合。过去大孙庄旁边有个田庄，这个和尚先到了田庄，创立了法鼓，后大孙庄从田庄习得法鼓，所以大孙庄人一直认定田庄的刘四爷是师爷，挂甲寺法鼓与之一脉相承。

天津的法鼓老会名称均以地名为起始，后冠以"某音"，如杨家庄永音法鼓、刘园祥音法鼓、大觉庵金音法鼓等。挂甲寺村的法鼓会自然也冠以本村的村名即挂甲寺。至于"庆音"二字，"庆"是为了纪念隋炀帝所赐庙名——庆国寺，即便庆国寺后改为挂甲寺，庆音也一直延续至今。"音"是指五种乐器的音乐，也是法鼓老会通用的一个字，表示一种音乐或者一种音律。每道法鼓会对于自己的会名都有独到的解释，这种解释具有浓厚的民俗民间文化内涵，也是天津皇会中一种特有的文化现象，以此显示会的历史悠久、有宗有法。庆音法鼓的会名既标明了自己的地域，同时又有历史内涵——纪念庆国寺，同时还显示了会的主要特色——半副銮驾和法鼓，这无疑是传统社区民众的一种命名传统和智慧。

大概雍正九年（1731年）的时候，庆音法鼓和銮驾糅合在一起，正式命名为"挂甲寺庆音法鼓銮驾老会"，一直延续到今天，一个会名蕴含着传承了几百年的历史文化。其间，有兴盛，有衰落，人员多的时候全村参与，人员少的时候连组织起来都困难。传承至今，该会的原真性、整体性、活态性也发生了一些变化。

老会文场仪仗中的软对以藏头诗的形式诠释了会名："庆升平播锵铿雅逢盛世，音清越兆遐迩声乐新民"。自有法鼓之日起，便有了软对。会中年已八旬的熊宝禄说，软对上的词是由比自己爷爷还早的那辈人研究出来的，可能就是传说中道光年间修整銮驾的陶秀才、闫先生、姚先生那些文人墨客所写就。

庆音法鼓和銮驾是如何整合在一起的？这道民间花会与娘娘的华贵执事谁的历史更为悠久？这是一桩迷案。会中老人陶起贵认为："既然是从佛教传过来的，法鼓有可能比銮驾还早。"据《法鼓艺术初探》一书的作者郭中萍考证，天津的法鼓是明末清初兴盛起来的，尤其是到了清代，数量已达100多个。大孙庄的銮驾是明朝一位娘娘所赐，在这前后，法鼓会也有了。由此推断，法鼓与銮驾落在挂甲寺的时间相差不远，法鼓的源起可能略早于这半副銮驾。銮驾赐给大孙庄以后，唯一适合存放的地点便是挂甲寺，而法鼓的会所也是在挂甲寺。据传嘉庆年间，銮驾上镶嵌的珠宝被盗。现在一些器具上还存在明显的空隙，留有镶嵌物件的痕迹。据说当年有人拾到过一些珠宝，銮驾后来便搁到了佛堂。这是会中老人们的一种推算，但是并不敢肯定。能够断定的是雍正九年，庆音法鼓和銮驾便放在了一块儿，合名为挂甲寺庆音法鼓銮驾老会。为什么放在一起？也许因为当时法鼓会的成员都是本庄子的居民，半副銮驾算是庄子里的公有财富，敲法鼓的人有一部分同时要保护銮驾，进行晾晒、修护。久而久之，为了能够保管起来方便，更好地传承下去，法鼓和銮驾便结合到了一起。嘉庆八年（1803年），銮驾曾遭盗毁。道光九年（1829年），由村里老百姓资助，陶秀才（名字不详）、闫亮、孙国良、姚先生（名字不详）等人出头，依旧制对銮驾大修。

所谓依旧制修复，是指重新整理和粉刷，并安装小件装饰物品。有了金碧辉煌的銮驾执事，庆音法鼓的"前行"更加庄严华丽，再配以门旗、挑子灯、高照、软对、硬对，还有极富表演性的挑圆笼等，迤逦蜿蜒，与众迥然不同。这一明代宫廷遗物，艺术造型之美、蕴涵之丰、威仪之盛，使之为挂甲寺村村民所珍惜和传承。

据会上多位老会员回忆，挂甲寺庆音法鼓銮驾老会并未受过皇封，但是参加过皇会。现任会头傅宝安说，他听老一辈讲，本会出过民国时期的皇会，头一道是百花会，由一百种鲜花组成；第二道会就是挂甲寺的娘娘驾。傅宝安推测，半副銮驾只是在娘娘宫（天后宫）中设摆，并不参加行会，因为围观者太多，会挤坏銮驾，会员只是敲着武场的家伙儿（即鼓、钹、铙、铛、镲铬）跟着行会。

四百年间，半副銮驾历尽沧桑，几经劫难。大孙庄的村民一代代传承不息，演绎了一篇篇护驾故事。老会在战争中，在自然灾害、政治运动的风雨中载沉载浮，辗转流传至今日，会员已是垂垂老矣，銮驾更是伤痕累累，经年失修。

庆音老会的会址变迁频繁，尤其是20世纪90年代城市拆迁以来，居无定所，颠沛流离。据会中八旬以上的老会员介绍，自他们记事儿起，法鼓会一直在挂甲寺庙里面。民国之后，经历了多次搬迁。大约20世纪30年代的时候，搬到了俗家念佛的佛堂里。当时挂甲寺分东堂和西堂两个佛堂，俗家念佛在西堂。大概在1942年的时候，村上有个叫王豁子的人，因为他长了个豁嘴子，原来当和尚，后来还俗养大车发了财，和日本人有些勾结。日本人也信佛，王豁子仗着日本人的势力把挂甲寺庙占了。法鼓会把家伙全藏起来，村民特别团结，没有人泄露半副銮驾的消息，因此保护住了銮驾。

解放后，庆音法鼓曾一度出会，参与政府组织的大型演出活动，如庆祝"五一"、"十一"等节日活动。1958年成立人民公社，挂甲寺与杨庄子、黑牛城等村合并，成立长青公社。法鼓会的器具归农业社所有，放在挂甲寺生产大队（当时叫董存瑞生产大队）。1958年左右，农民会搬走了，连牲口棚也没留，但土地所有权还是农民会的，叫孙家二条，庆音的会址便在这里，后来叫桥西街50号，街公所正好在对过。现任会头傅宝安小时候便住在桥西街52号，与农民会一墙之隔。据他讲，这个老会址有11间平房连着两个小院儿，"四清"的时候归了公，成为法鼓会的产业，练习有练习的地方，放东西有放东西的地方，接待有接待的地方。老会头杨连芳一辈子没结婚，单身一个人，就住在会所里专心看守会所。"文化大革命"的时候，红卫兵知道銮驾和表演器具等就放在农业社里，找了三四趟，翻烂了屋子，还是没找到。当时的会头孙庭伟找了几个人，把东西用喂牲口的干草和马粪埋在了牲口棚，并约定知道的人"封口"。红卫兵一闻到马粪味，就熏麻了，没找下去。銮驾得以侥幸躲过一劫。那时候大伙儿心齐，没有人告密。但是当时负责的范宝和、陶起有哥俩还是因此挨斗被批。会里的东西也遭受了一定的损失，鼓箱子就是这个时候被砸的。"红卫兵"闹过去，法鼓会还在农业社呆着。社里单另给个屋子，出会的时候去那儿取东西，平时练习和玩儿是在佛堂里头。

1984年，在民俗复兴的大潮中，天津有一批老会重整旗鼓，恢复表演，这其中也包括从桥西街50号走出来的庆音法鼓銮驾老会，半副銮驾也再现辉煌。当时，挂甲寺街和文化站曾出资2000元对该会进行资助。老会复兴，会员群情高涨，每天晚上一哨鼓就开始练习，几乎天天玩，人特别多。六副钹、铙，得打两番，每天晚上，三四十号人，砸几通法鼓。一直到拆迁以前，会的活动还都比较频繁、热闹。1985年天津市古文化街落成典礼暨天后宫庙会，庆音法鼓在天后宫从元月1日至18日设摆

老会员合影，大部分已经离世

18天，2005年、2011年多次参加妈祖诞辰祭典活动。老会还受邀参加诸多比赛，如1989年参加北京"龙潭杯"民间花会大赛，获"全国第二届龙潭杯花会表演优秀奖"，参加天津杨柳青民间花会大赛等。1987年，出演过电影《华世奎醉写劝业场》。去天津市第二工人文化宫出会时，请八极武术社的人为庆音法鼓打半副銮驾。20世纪80年代是该会比较兴盛的时期，会员们在原地不动表演的基础上，还研究出来行走上搧、走八方、背步走、盖步等技艺。但是到了20世纪90年代，又恢复了原地进行表演。

2008年该会因历史悠久、活态传承有序、音乐和表演具有艺术价值被评定为国家级非物质文化遗产项目。

1994年，天津市大规模的城市改造开始，许多有民间花会的地区

老会员孙尚平在老会所中表演飞钹

都面临着拆迁的难题。拆迁给这些花会的传承带来了致命性的打击。挂甲寺庆音法鼓銮驾老会也因为城市拆迁而面临各种困境。原来居住在挂甲寺的居民陆续搬迁他处，一部分去了万新村，还有一部分迁到小海地。后来会所里的东西又搬到天津市河西区特教中心一部分，剩下一部分放在挂甲寺街的临时会所里。从此，老会日渐飘零，会员星散，传统的乡土文化纽带彻底断裂。最为关键的是传承无人，活态传承濒危，出会规模大为减缩。会里的老人爱会如爱己。冯运通大爷和杨连芳大爷在世时，吃住在会上，被会员叫作"会腻"。会里得有这样的人，没有这样的人会兴不起来。现在会里的李玉奎、陶起贵、李相义，已经七八十岁，也跟"会腻"似的，他们住得离会很远，但是一叫就到，办会离不开这样的人，说白了，得奉献。李玉奎大爷得癌症四年，到哪儿都离不开水，小壶总带着，每次还坚持出会。陶起贵大爷，也得过好几次病，每次出会也来，会上查阅相关资料总找他，从不推辞。熊宝禄老人自身有病，还要照顾半身不遂的老伴，但是每次出会，也是必来。这些老人都爱会，他们修行往往是为了下一辈，给自己的孩子看，一说起来，老爹怎么怎么样，觉得有面子。将自己对老会的信仰身体力行于办会的大事小情之中，这在庆音是普遍的现象。挂甲寺庆音法鼓銮驾老会对于他们来说已经成为融入血脉的基因，他们爱会，同时他们更不甘心也不情愿让会在他们这一代走向终结。该会现在已经被评定为国家级非物质文化遗产，进入了一个"非遗后"的时代。"非遗"的认定是为了保护遗产的原真性、整体性以及活态传承性，而不是任其濒危而不作为，会员们期望着在城市规划中能将非物质文化遗产的保护放在重要位置。

三、信仰空间

挂甲寺一带庙宇众多，有蜂窝庙、药王庙、土城庙、大直沽庙等，这些信仰空间形成了一个庞大的信仰场域。有庙便有庙会，庙会的存在构成了挂甲寺庆音法鼓的一个生态环境。只有在这样一个生态环境中，它才得以生成、发展，当然，也自然随着这一生态环境的消失而发生各种变迁。天津各地的花会起源，一是和地域相关，都是依附一个社区村庄为据点而成立的；一是与各地域附近的庙宇相关，因为每逢庙会，必有酬神娱人之花会进行表演，各花会因此消长。

每年农历五月初一至初五，大直沽天妃灵慈宫都会为天妃（天后）举办庆典活动，届时各方民众来此祈福，求寿、求子或求财。初二是庆典活动最重要的日子，各方花会都前来出会，挂甲寺庆音法鼓视大直沽庙会为一个重要的酬神赛会时节，不仅要出全套半副銮驾，而且晚上还要出灯彩表演，以示隆重。

蜂窝庙，是西青大杨庄子的庙，现在是座佛寺，原来属于道家，无论

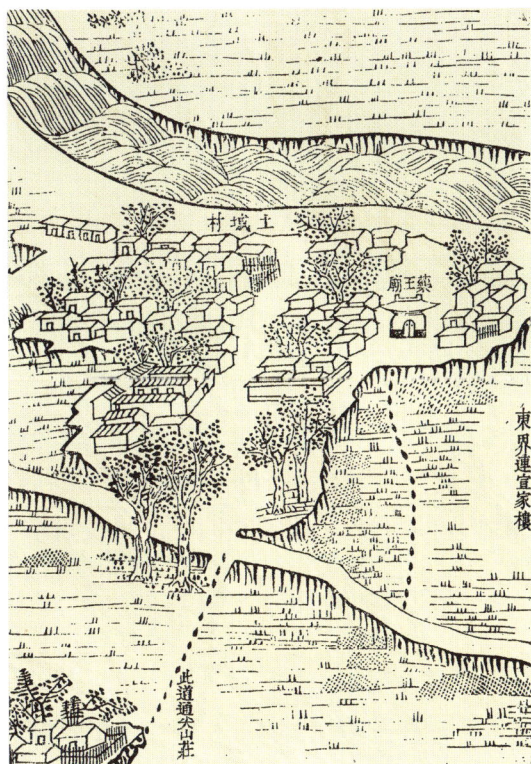

《津门保甲图说》中绘制的土城和药王庙

道士还是和尚都能给人看病。据说蜂窝庙里的药特别灵，许多小孩子生病，去蜂窝庙一求就好。蜂窝庙庙会也是庆音法鼓经常参加的一个庙会。

庆音老会的会员大部分信佛，但是他们认为，信不信佛和玩儿法鼓关系不大。挂甲寺的法鼓源于外传，也是俗家信佛的人所传授。挂甲寺地区最主要的庙宇便是挂甲禅寺，过去是姑子庙，本庄子人叫二生庙。以前，挂甲寺小孩就好像长在庙里一样，经常去玩，老姑子给他们东西吃。从前的庙，前殿供老菩萨，旁边站着托塔天王和韦陀两个护法，还供一个关公像。后殿中间安坐如来佛，旁边是十八罗汉。偏殿有两个，东边供药王，西边供土地爷。过去家里老人"倒头"（过世）了，有"报庙"的风俗。妇女要穿上白孝袍子，站一溜，去土地爷那里烧香、撒吃食，意思是说亡灵要去土地爷那里报到去了。挂甲寺周围几个庄子都有这个习俗。现在新修的挂甲禅寺和原来供奉的神像不一样，菩萨的位置也不同。

每年的农历二月十九是挂甲寺庙会，这一天是观音菩萨的生日。老人们领着小孩儿上庙会，烧香磕头买东西。过去每逢庙会，各种小贩前来叫卖，形成一个天然的市场，特别热闹，有吹糖人的，有耍猴的，有卖各种风味小吃的，等等。同时有很多道花会参加，依次沿着会道行会，然后表演自己会里的绝活。各会设摆表演时不能冲着庙门。这个庙会也是庆音老会重要的出会场合，仪式非常丰富。出会前，必须先去挂甲禅寺祭拜，然后到村头迎会，即迎接各个来参加庙会的花会，表演结束后，还要依次将各会送走。

现在，挂甲寺庙会已不存在，但每逢农历二月十九，庆音法鼓必要行会设摆表演，这是他们的一个出会传统和风俗习惯。他们想继续传承下去，好在挂甲寺还在，但是已经不再举行大型的庙会，也不再有行会会道，所以，庆音法鼓也就无需再迎会、送会了。现在出挂甲寺庙会，需要提前向挂甲寺街道申请，出会时间不能过长，一般一个小时左右，会头得保证维持好秩序，不出事儿。从1997年开始，几乎每年都出。寺庙里的老师父还给会员准备苹果。出会前，老挂甲寺人都打电话询问会头，都惦记着出会。有一年，都设摆好了，最后没让表演，特别败兴。曾有人劝庆音法鼓，别出了，图什么。会头傅宝安说，就是想让这会多出来几次，让半副銮驾也过过风，想留住这个老的出会传统。

挂甲寺一带地势低洼，寺庙建在相对高的地界，里面的月台就有一米多高。1939年的时候闹大水，整个村子都受水涝，水能漫到膝盖。土坯子房倒塌很多，后来又重建。那时候人心很齐，谁家房子倒了，大伙儿一块给建。水灾对法鼓会基本没有什么影响，因为东西都放在庙里。过去一闹水灾，村长得弄一条活的蛇，放在大托盘上，去挂甲寺庙上香磕头，这是"送龙王"的仪式。

天津作为五方杂处的城市，天津人好善举，善人善事多。清康熙年

挂甲禅寺

间修订的《天津卫志》记载："神道设教，圣人不废；劝善惩恶，亦可以佐政刑之不逮。"佛教的"善有善报，恶有恶报"，"积善之家必有余庆，积不善之家必有余殃"和"救一命胜造七级浮屠"的因果报应说；道家"天道无亲，常与善人"的福报观，使天津人更乐于行善，以积德行善获得心理满足，希冀改善自身及后代的命运。

　　天津皇会是建构社会和地方认同的一个祭典仪式，是官方和民间的一次互动。人们在这几天相聚在一起，共同享受妈祖娘娘的散福，并且各怀愿望进行祈福，多种花会、戏种轮番上演，人们在这个狂欢化的氛围中与神沟通，既在日常生活中，同时又脱离出日常生活。各花会认为能够参与皇会表演是一种荣耀，而民众观看庙会参与祈福则是一种信仰。老会以出皇会为至高荣耀，1985年天后宫重新开馆，邀请老会设摆18天，会里一分钱不要，把半副銮驾在天后宫大摆18天，他们相信这是和天后娘娘的一种缘分。

第二章

会规与会况

一、入会

玩会是光荣之事、荣耀之举，挂甲寺人都爱玩法鼓，以参加庆音法鼓为荣，所以竞相入会，一者村里男童大多入会，二者入会都较早。庆音法鼓是以地缘为纽带而组成的草根民间花会组织，具有鲜明的地域性、集体性和娱乐性，挂甲寺村民从出生即伴随法鼓声音长大。一般，会员分为固定会员和不固定会员。固定会员是会里主要的表演者，平日要练习。不固定会员主要是在出会的时候才参加，负责打会里的半副銮驾。入会在地域限制上比较严格，一般只有挂甲寺的居民方可入会，外庄村民一概不收，更不可传授其技艺。因为天津市很多地方都有法鼓，为了保持本地域法鼓的独特性，花会一般都比较保守，技艺概不外传。虽然，法鼓会的曲谱和动作有相同之处，但也颇多相异之处。

此外，入会在年龄、职业上都没有限制，挂甲寺村小孩子三四岁即可入会学习法鼓，一般站在会所后面学习拍手练习打节拍，再大可敲镲铬学习法鼓，随后学习铙、钹。会头傅宝安讲，最初学法鼓时，他在后边给人家抱钹，人家一撂场，就得赶紧把钹递给人家，人家玩儿完以后，赶紧把钹拿回来一缠，凳子一拿，抱着钹跟人家走。他们到没人的地界儿，才能玩才能敲。这种刚学法鼓的人被称为"豆子"，他们就是这种学法鼓的豆子，不让玩儿还不行，瘾大。

在性别上，一般只有男子可以传习，这是会规，法鼓传男不传女；再者法鼓是力气活，一个钹、铙足有两公斤重，女子力气小玩不了。而在宗教信仰上，入会则无任何限制，只要爱会，想入会就行，不过会员大部分都是汉族。但如果是"吃喝嫖赌抽，坑蒙拐骗偷"之人，会里肯定不要，法鼓会需要维持自己的严肃礼仪之风，伦理道德是考察会员最基本的准则。会员年龄梯队完善，有老者、中年人、青少年，整个法鼓队伍人员齐备，传承有序。

会员入会一般没有严格的入会仪式和拜师仪式，挂甲寺娃娃自然而然地就开始跟着长辈练习法鼓，有的两三岁便由家里的奶奶抱着去会里玩，慢慢熏耳音。谁能入会，由村长决定，村长一般也是会头，权力较大，既能决定会里的一切事务，又必须能够惹惹来人，惹惹来资金。会员入会后无需交会费，但需要严格遵守会里的会规，不能违反。

现在入会，和过去相比有一定的变化。过去传授法鼓有地域限制，外庄的人不能传授，只传授老挂甲寺的人和老住户，或者由本村人介绍的也可以入会，其他人等一概不教。现在，入会已无地域限制，哪里的人都能来该会学习，只要乐意学有兴趣就行。现在入会也没有性别的限制，男女都可以学。虽然现在会里仍然大部分都是男会员，但是只要女的想学法鼓，便可以学，目前已经有十几个退休的女会员在学习法鼓。但遗憾之处是，庆音法鼓虽然在入会资格上已经极大放宽，愿意学习法鼓者却因为挂甲寺这一地区的拆迁而变得寥寥无几，目前会员老龄化现象严重，年纪轻的会员尤其少，会员的子女学法鼓者较少，会员年龄梯队不完整，传承无序。

二、出会

挂甲寺庆音法鼓自愿或应邀参加各种庙会、演出等活动时，称为"出会"。出会时，有行会和设摆两种表演形式。过去出会一出就是一天，有时晚上还有灯彩表演，即把所有的设摆器具都点上蜡，灯彩摇曳，煞是壮观。

庆音法鼓一般是自愿出会，自然而然形成的出会传统，出会多与民间信仰活动庙会有关。如每逢附近的挂甲寺庙会、大直沽庙会、药王庙会、土城庙会、蜂窝庙会该会都出会。不论去哪儿出庙会，会头都带领会员买一把香，到庙里祭拜一下，然后才在庙外开始表演。解放前的各种庙会广泛存在，具有政治、经济、文化交流之广泛作用，各花会在庙会中表演酬神娱人已经是一种既在的、自然的传统。所以，庆音法鼓对于庙会出会一向重视，这既是对各庙神灵的一种祭

挂甲寺庆音法鼓在妈祖出巡仪式中出会，引来群众冒雨观赏

《天津天后宫过会行会图》中的善念銮驾圣会

河东乡位难粗公议善会各善当心愿善圣大家各店心愿善欢喜
操进銮驾诚功劳劲力于行会日期凡有上会东位等大家都是
袍奎乾湿报堂銮驾诚当为奇贵报众和众凡长挂局驾齐守代
远是和以年上茂銮圣诚行会退想不出銮驾为比登天意处凡有随驾
路上行到天后宫朝圣拟就者到下远安离听茶保满行会出来
灯会全都銮驾点停止祝报头以举善圣会登山第二宝巨灯庙会停止
第三棚日茶会銮驾提进依诚求諡佑行上有宫窝报会执事人不依
求请銮驾命人议提起究银会行从年五门随奏以来善銮驾驾而不
针头銮驾後出行会众会闹心年总行会以後持数会佑出
善音会銮驾为二十日报就避延到宫冯後樓前报供祝寿拾吉
会规以次名唱 二次溜失不喜祝喜
至古溜下宫语音门好闻 不能了说是润净的肩寺的
佑是人讲音会主尊故诏佑允慰前寿事休许行去郎有不行会
道理音音会主尊故诏佑允慰劲斗政銮保驾行动
合匝是天府圣母出来佑是神仙劲斗政銮驾圣内动
娘娘驾前随音出唱故尝有受明封二许名圣艺会就唱欢喜上
辨事座等有随与音出唱故尝故明有离会随驾圣上

纪念天后诞辰1052年祭祀大典时的天后宫

妈祖出巡时轿辇上的香资袋，以供信众捐资

拜，同时能够参与到各庙会中，也表明了本会在当地的声誉和声望之高。

蜂窝庙不大，庙门前地方小，需要提前一天在庙旁边用席或者帆布搭大棚。旧社会都讲究拉场子，就是提前搭棚。一般都在冬天，拉棚、搭架、支灶，要那个气势。只有法鼓会需要搭棚，像高跷、秧歌、旱船这些花会则不需要，因为法鼓会的仪仗执事设摆时需要设摆在大棚里。表演当天，武场飞钹、飞铙的人才去。搭棚后，还要自带伙夫，烧火做饭，并且要以讲究的伙食装点门面，"叉经叉，吃四扒"（叉经叉，用钹、铙敲击的声音比喻法鼓；吃四扒，四大扒是民间宴席的一种形式，主要包括扒整鸡、扒整鸭、扒肘子、扒方肉等），就是指法鼓会很注重面子，衣服要干净整齐，伙食要好，表演要精彩，出会时更是如此。这是一次在众人面前的亮相，所以必须漂亮体面。

农历七月十五是鬼节，也称盂兰盆会，该会也出会，送送孤魂野鬼；八月十五出会，但是半副銮驾不出，只是五种乐器表演。庆音法鼓出会较多，因为请的人认为庆音法鼓有玩艺儿，他是娘娘驾，一提起来就是"挂甲寺的娘娘驾来了"。天津皇会和帝王之间渊源甚深，最早称娘娘会，因为"天后圣母"俗称"老娘娘"。农历三月二十三为天后诞辰之日，为了纪念天后诞辰，在这天要举行由社会各界共同参与祈福酬神的一种民间祭典仪式，"一般善男信女特为规定庄严之仪式，筹备隆重之礼节，为天后圣母出会，以求祛灾赐福"[1]。 之所以改称皇会，据《天津皇会考纪》记载，这和屡次受皇封有关，"乾隆皇帝下江南途经天津，适逢会期，喜欢乡祠'拷鼓'表演，特御赏黄缎马褂四件，鹤龄会演唱得很好，四位鹤童每人赏给金项圈一个，其外龙旗两面"[2]。此后，皇会兴盛不衰，1936年举办了最后一次规模宏大的皇会。《天津皇会考纪》

1.望云居士：《天津皇会考纪》，天津：津沽文学社，1936年。

2.望云居士：《天津皇会考纪》，天津：津沽文学社，1936年。

记载："第一天（十六日），名为'送驾'日。有扫殿会领导各会上香，然后起驾。门幡、太狮前导，各会依规矩秩序鱼贯而列，最后为銮驾，四位娘娘宝辇，天后华辇。大会出发，沿途表演。送至西头如意庵，由接驾会跪香迎入，升殿拈香献戏。十七日留如意庵中受西头万众之香火竟日。第二天（十八日），为'接驾'日。各会均云集于如意庵，接驾返回天后宫，经过路线虽有不同，但是表演大致无异。第三、四天（二十、二十二日），为'巡香散福'日。大会由天后宫出发，沿途各通衢大路，各地善男信女愿进香者，即候大会经过，将香烛投入接香会所抬之的香锅中，即为致意。最后一天（二十三日），为天后寿诞之正日，即在宫中受人间香火之祝贺，大会亦即在宫中表演最精彩的节目。进香之客自晨至夕络绎不绝。大殿之上无时不在拥挤，通宵如是，直至夜阑人散，烛灭香消，未觉东方之既白。盛大皇会，乃告终矣。"庆音法鼓因为有娘娘赐予的半副銮驾自然受到大家的认可和尊重，无论到哪儿出会，都会受到尊重。庆音法鼓曾出皇会，但是具体出的哪一年的皇会，老会员已无从记忆，但是据他们讲，第一道会是百花会，第二道会是庆音法鼓。一般，文场半副銮驾在天后宫内设摆，行会时只敲击武场器具行走出会。

挂甲寺庆音法鼓一般夏天较少出会，以前会员多是农民，夏季正是农忙时节，无暇出会。农忙时节不玩儿会时，就将东西搁到挂甲寺寺院或者佛堂封起来，平时有人看护，需要用时再把东西拿出来。农闲时，会员再出会或者拜会，但凡出会，基本上全村的男人都会参与。因为出一次会需要将近200人，必须有足够的人拿仪仗执事还有小手旗以确保能够顺利出会。

庆音法鼓出会前，需要先去挂甲寺庙里给老菩萨上香，因为过去会里的各种设摆器具和表演器具都搁在挂甲寺庙里面保管，出会时需要把这些器具从寺庙里请出来，这时正好给老菩萨进香。出发前把东西装在大箱子里，大家不能走，要等着进香，进完香，磕完头才能出会。上香时，会头带领武场会员磕几个头，会头说："老菩萨保佑，老菩萨保佑。"就可以出发行会。因为手彩儿都已经装箱放在车上，所以进香时会员不带手彩儿，一般上香时不上供。祭拜时，会头带着会里武场的人，捧着钹、铙和其他的乐器到庙里面排好队，大家表演一番，敲一通才能走，有时候敲一套，有时候敲几套然后上播。现在会里的东西已经不搁在挂甲寺庙，所以每次出会前，已没有去挂甲寺庙里烧香拜佛的仪式。即便去天后宫出会，也没有烧香顶礼的进香仪式。但基本每年挂甲寺庙会，在农历二月十九观音菩萨生日这天，庆音法鼓照例要出会，只是出会形式已经发生很大变化，该会上午10点从会所出发，鼓、钹、铙、铛、镲敲着常行点，绕着挂甲寺寺庙转一圈行会，当行会至挂甲寺门口时，队伍要停下来，激烈表演上播，后将手彩儿高高举过头顶，以示敬意，然后再接着行会。行会结束后，由会头傅宝安带领信佛的几位会员至挂甲禅寺烧香礼佛。出会时，根据情况，出会人员多，半副銮驾跟着行会；出会人员少，半副銮驾并不行会。

出会前还要张贴海报，一般写在黄纸上面，叫"黄报"，上面写着出会的时间和地点，黄报张贴在出会的地方。这样可以通知周围的人都来观看。

出会时，无论是别的会到挂甲寺出庙会，还是挂甲寺庆音法鼓去别处出庙会，都有专门负责接会的人，至少是4个。还没等花会到村头，接会的人就需到村头提前等候。接会人手里打着小旗，见面后作揖，互相换帖，然后走专门的会道去庙里进香，最后再把花会送走。会道是专门的行会路线，从哪里进庙，上完香从哪里走，需要提前规划好，一道会接着一道会，尽量不要让两个会碰面，两会遇见了很可能会打起来。过去行会因为抢会道而发生争执的事情时有发生。挂甲寺庆音法鼓则鲜有此类事发生，因为他们拥有娘娘给的半副銮驾，所以别的会也较尊重这道法鼓会。现在出会，一般都由主办方提前安排好设摆的地点和行会的顺序，避免会与会之间的冲突。

挂甲寺庆音法鼓的表演形式一般分行会和设摆。行会就是按照指定的路线在街上踩街、表演。设摆就是在出会表演的地方将前场和武场的器具按照顺序摆放，晚上设摆还要点上灯彩，让众人观赏。

行会时，执事（仪仗）的顺序是最前边左右各一杆门旗，门旗上写本会名字，中间是两个气死风灯，上面也写有会名。中间左边一竖排钹、右边一竖排铙，钹、铙的外边依次是半副銮驾。半副銮驾的顺序是（以鼓为起点）：金瓜、钺斧、朝天镫、茹、艾、方、花、罐、鱼、长、蝠、元、扇、磬、日月龙凤扇、高照、软对、硬对。钹、铙的后面是鼓，其次是纛旗，纛旗旁边是七星灯，两边各一柄九曲黄罗伞。过去行会，半副銮驾需要被打着行会，每个人有一个大披带，底下有个青色小包，这是插銮驾的袋子，把銮驾插在袋子里由人背着行会。现在则没有这种形式，一般用车推着半副銮驾行会。以前行会，半副銮驾要出全，一样不能少，现在因为破损严重则很少能出全，一般只出有代

天后诞辰时古文化街的商户在店门口摆设供桌和供品

挂甲寺庆音法鼓出会时的情景

夜间的设摆和出会，同时展示灯彩

设 摆

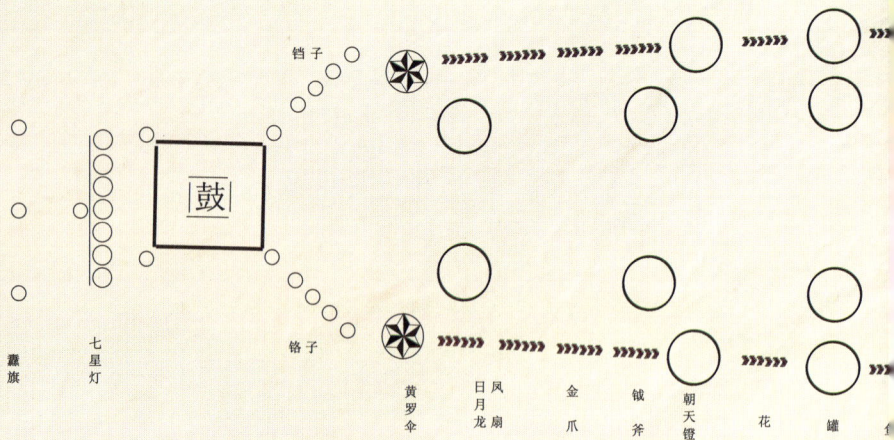

行 会

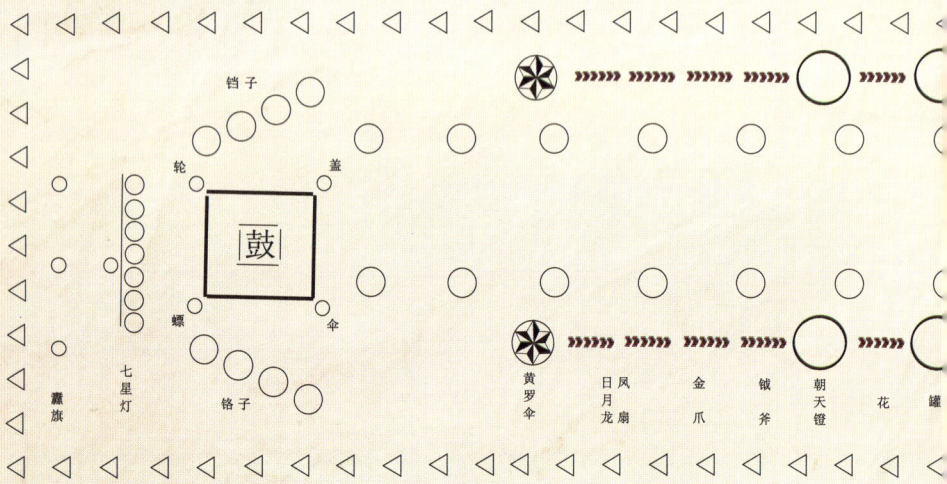

该会的设摆示意图和行会示意图

示　意　图

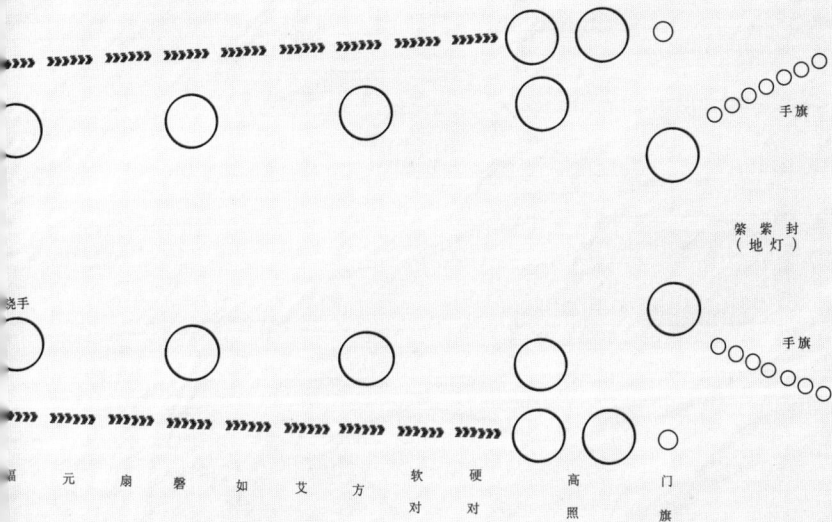

注：　1、武场钹铙应压銮驾后边。
　　　2、銮驾外围△，为八十面手旗，如夜晚行会，
　　　　　每一个手旗空当再加一盏手挑子灯。

示　意　图

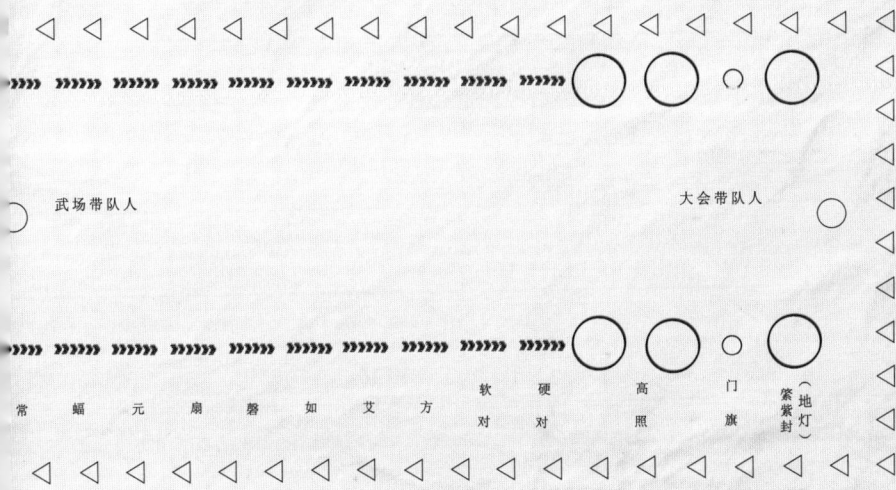

表性的几个。行会时，人穿着大褂，斜背着背带，斜挎銮驾，打銮驾的后面有人跟着，前面的人累了，随时替换，称为"替肩"。会头背着香袋，提着云锣走在最前面，作总指挥。如果需停会，他敲云锣"铛"一下，整个会停下；如果需要继续行会，会头敲云锣"铛铛"两下，即可行会。

设摆时的顺序是纛旗殿后，纛旗前面是鼓，武场设摆，以鼓为中央，其他乐器成对称的位置摆设。鼓一面，其他乐器最少为四套，必须为双数。具体的设摆方式是：鼓在中央，钹、铙、镲铬、铛子放在鼓箱子前面的大箱子上。文场设摆，鼓两边是九曲黄罗伞，纛旗旁边是七星灯，也叫图灯，每个灯上都有字，组成会名"庆音法鼓銮驾老会"。鼓的前边左右两边对称摆放着：金瓜、钺斧、朝天镫、茹、艾、方、花、罐、鱼、长、蝠、元、扇、磬、日月龙凤扇、高照、软对、硬对。设摆顺序和行会时的顺序基本相同。半副銮驾有专门的架子可以插放，每个架子上都有相应的编号，必须由专人按编号摆放，如果不按编号插放，就会出差错，架子和器具不符插不上去。

表演前要先开场子。过去挂甲寺整个村养会，一年出好几次会，每次出会都围得人山人海，人们年年看，总是看不够，吸引力很大。想落场子开始表演，人多玩儿不了，得先开场子，就是让围观的群众向后退，把表演的场子开辟出来。开场子时，有人拿小旗，上边写着"挂甲寺庆音法鼓"，把观众往后推，把场子圈开了，才能够表演。不然，武场人员在飞钹、飞铙时容易磕碰围观的群众，不安全。

以前庆音法鼓从农业社出会，敲着家伙，走到挂甲寺西河滩路口，要飞一番，敲一通，老一辈叫"砸对砸对"，才能继续行会，这是会里的老传统，以示对本庄居民一直爱护法鼓的敬意，先给村民表演一番，方可出会。

挂甲寺庆音法鼓还出过皇会，据会员讲，参加皇会表演的第一道会是百花会，即一百种鲜花会。第二道会就是挂甲寺庆音法鼓銮驾老会，历史上，他们只出过这一次皇会，每道法鼓会都会随驾一位娘娘，但是庆音法鼓随的是哪位娘娘的驾已经无从考证。

出会最怕遇上下雨，庆音法鼓有一次出西青区大寺镇的药王庙庙会，赶上下雨，浇散了。一般出会前看天气预报，如果下雨，能不出就不出。该会参加2010年天后宫妈祖诞辰庆典，也赶上下雨，半副銮驾就放在屋檐下避雨。娘娘出巡的时候，只有鼓跟着出巡，其他东西都没跟着去，如果不下雨，是要跟着娘娘散福的。此次出会，就带部分銮驾：金瓜、钺斧、朝天镫、罐、元、方、茹、长，都带单个。

现在该会行会、出会要受邀请才去，已经很少自发地出会，也很少参加各个庙会表演。每次出会，半副銮驾因为锈迹斑驳，损毁严重，所以文场只有代表性的几件銮驾出会，有时，半副銮驾不行会只设摆，光家伙点儿（武场表演器具）行会，这样能够最经济地出会，减少会里负担。

每次出会前，都要集体排练一次，排练时冬天在室内，夏天在室外，因为钺、铙特别脆，冬天上外边一敲就容易坏。

庆音法鼓对结婚过寿这些一律不招待，用他们的话说叫不伺候。就算是会头家里有事，也不招待。只有一次，给田庄的法鼓师傅过六十大寿，庆音法鼓去设摆表演。除了法鼓，高跷也去了。因为田庄师傅是有头有脸的人，有嘛事儿他一出头就解决了。他说怎么办就怎么办，说话有分量。

解放前，挂甲寺村民玩法鼓者众。1984年庆音法鼓刚恢复时，玩儿会的人也多，几乎天天玩，一到晚上一哨鼓，会员就会到会所练习法鼓，出会的活动也比较频繁，会员充满对法鼓的热情。20世纪90年代以来，随着大规模的城市拆迁，庆音法鼓会员四散，传承无序，出会不如以前频繁，练习时间也有限，出会规模较小，处于一种濒危的状态。

三、会规

挂甲寺庆音法鼓有着较为严格的会规约束会员。老一辈会员有成文的会规，搁在镜框里挂在会所的墙上，会员们一进会所就能看见，作为督促会员的准则。

挂甲寺庆音法鼓的老会规有：

（一）法鼓会全体会员都要以礼为重，对一般任何会，每个人都不能以粗鲁言行对待，要以礼相待。

（二）全体人员都要维护集体利益，一切行动听从指挥，不得擅自行动。

（三）全体人员都要爱护公物，维护设施不受损伤，爱护各种乐器，各负其责，不随意乱敲打。

（四）全体人员都要保持阵容整齐，行动时列队整齐。上场时演员列队行在鼓前，下场时演员列队行在鼓后。大会设摆时，下场演员出场站定个人位置，下场演员集中在鼓后待命，任何时候武场中都不准无关人员来回走动。

（五）全体人员都要维护集体荣誉，在行会中遇有截会者，本会人员不准吃、拿截会者的一切物品。

（六）全体人员都要尊老爱幼，互相团结，使全部人员成为一个整体。

（七）及时总结经验教训，巩固发扬优点，克服不足，不断提高技艺。

（八）全体人员都要戒骄戒躁，向兄弟会学习，学习他会之长补我会之短，努力继承并发扬创新精神，把本会建成一个文明礼貌、互助团结、阵容整齐、行动统一、有高水平技艺的民间花会，不愧对庆音法鼓銮驾老会的光荣称号。

挂甲寺庆音法鼓出会不允许说话带脏字，大声说话都不行。挂甲寺的东西一出去，显得特别尊严。强调出会时不拿酬劳，不乱吃别人的东西，即便有的人家或商户门口会放桌子，摆上点心、茶水、水果，会员也一概不能动，这些吃的喝的全是会员自己带，一旦吃拿别人的东西，就是违反了会规。当然，最重要的是不能吃拿会里的东西。老一辈人讲究不能吃会、不能拿会，要一心为会付出，而不能向会里索要偷拿任何东西。一旦发现，便令其退会。

会员对会里的五种乐器不能乱摸，敲什么就摸什么，不能乱敲其他的。行会时拿着钹、铙都有规矩，需捧钹、抱铙，不允许自由自在散漫。镲铬和铛子行会时应敲着走，不能随便拿着走。法鼓在会员心中非常神圣庄严，一网钹一抱铙，就不能嘻嘻哈哈、打打闹闹，必须严肃认真地表演。要站有站相、坐有坐相，玩钹的就站在钹的位置上，玩铙的就站在铙的位置上，让你上才上，后面备用的替补人员得在后面给玩的人抱钹和铙，表演时把钹和铙递过去，不能有丝毫僭越。各种手彩儿不用时，需要缠好了放着，不可胡乱摆放。出会设摆时，得在箱子上按次序摆好，表演时方可拿起来，不可随便乱动。

鼓在法鼓里最神圣，谁也不能乱摸，连鼓槌子也不能乱摸，这是会规。不管会员在哪儿，一听鼓音都得回来，这叫"哨鼓"，打鼓佬是指挥。有时，会员如果头遍哨鼓没到，第二遍哨鼓再不到，就会挨罚。所以，会员一出会便不能远去，打鼓佬更需要时刻守候在鼓边，时刻听会头的指挥准备哨鼓开始表演。

会员见着人都得客气，耍横不行，必须态度和蔼。出会的时候，不能乱说乱道。会里的老人常说"不懂会规别乱操旗杆"，即不懂别乱说话，也不能乱动会里的东西。

庆音法鼓不能为婚丧嫁娶之事敲法鼓。庆音法鼓和田庄关系好，因为庆音法鼓的武法鼓是由田庄的老艺人所传授。田庄的师爷过生日时，庆音法鼓曾为他敲过法鼓，除此之外，再也没有为婚丧嫁娶之事敲过法鼓。该会在哪儿出会都不吃不喝别人的东西，唯独在师爷处表演的时候，可以吃饭喝茶。

以前的会规很严格，练习时不能迟到，出会更不允许迟到。如果迟到了，会头就让迟到的人这次不能出会。如果会员没出会，会头就拿着破钹、破铙，摔到会员门口，让他去买新的钹、铙。庆音法鼓分文场和武场，所以只有文场的人能负责半副銮驾，武场的人负责五种乐器，分工很明确，如果不懂随便拿很容易损害会里的东西。武场的人不会摆弄半副銮驾，不知道顺序，也不知道怎么安装。现在则不分文武场，因为人员有限，武场的人也可以摆放半副銮驾。

如果违反了会规，会员会被劝退，但是基本上会员参加会的时候事先就知道会里的规矩，所以一般不敢轻易触犯会规。

现在会规的约束力不如以前强，也不如以前严格，敲法鼓的人日益减少，能来出会已经很好。但是五种表演乐器在法鼓里依然很神圣，不懂会规不能随便乱摸会里的表演器具，表演时依然要求严肃认真，不吃拿会里的东西。每个会员对法鼓的感情都出自一种集体无意识的习惯，会里的老人爱会如爱己，仍然认真地遵守着会规，传承着会里的传统。非物质文化遗产的传承既是一种对物质遗产的传承，同时也是一种精神传承，更是一种活态传承。

四、会与会的交往

天津花会众多，几乎每个村庄都有一道花会，每逢出会，会与会之间就相互拜会，有时本会设摆还会邀请其他的会来参加，会与会的交往比较频繁，有时候各会的表演器具还互相拿来用。但会与会之间也会发生冲突，出现压会、欺会、砸会的情况。为了防止会与会之间发生冲突，举办方或邀请方一般需提前设定好会道（行会的路线），以及各花会行会的顺序，各会按顺序行会。各会无论请会还是拜会时，都需要交换会帖，这是会与会之间交往的礼节。20世纪90年代，庆音法鼓多和当时比较兴盛的锦衣卫桥和音法鼓、贾沽道善音法鼓互相拜会。

会帖：会帖上面一般写着本会的会名，庆音法鼓的会帖上写"挂甲寺庆音法鼓銮驾老会"。帖的尺寸是高23厘米，宽12厘米，通常用红纸印会帖。会帖一般放在拜匣里，拜匣装在香袋里，出会时由会头背着。过去，"会见会，打一跪"，要捧着拜匣换帖。帖换过来以后，不能随便放，得好好地放在拜匣里。

换帖：拜会、遇会、请会时均需要换帖。换帖有规矩，"会见会，打一跪"，换帖时会头要单腿跪，双手朝上捧着帖，互相交换后方可站起。现在会见会一抱拳，说声"辛苦、辛苦"，换帖即可。这是各会之间交往的一种礼节，表示谦让和互相关照。

请会：每当举行挂甲寺庙会时，或者挂甲寺庆音法鼓设摆时，会邀请外村的会来参加，届时需要由会头带领几人去其他会下帖邀请，并在本村贴出黄报，这叫请会。请会时，拿着会帖，说"我们那儿设摆，阴历多少多少"，把设摆时间和地点告诉各会。

拜会：庆音法鼓是娘娘会，去哪儿出会，都是坐驾（坐会），别的花会主动来庆音法鼓拜会，互相换帖。拜会时，需由会头带两个人，背着香袋，拿着小手旗，由会头拱手作揖寒暄几句，换帖。现在则简化了，各会出会时并不互相拜会，或者就简单换个帖。

接送会：如果举行挂甲寺庙会，庆音法鼓就要到村口迎接其他来参加庙会的花会，这叫迎会。等各花会行会表演结束后，还要把各会送到村口，这叫送会。

错会（遇会）：行会时，如果两会迎头相遇，各会会头应出面礼让，并决定哪个会先行。决定后，后行会的会员应将手彩儿高举过头顶，不能再敲家伙，等对方会经过后才能开始表演。错会，可避免两会冲突的发生。

欺会：如果行会时，两会遇到之后，各不谦让，不让会道，就会发生冲突。强行表演或行会的一方就是"欺会"。如果两会都不谦让，聚众打闹，引起骚乱，就是砸会。

天津皇会会规很严格，整个行会路线以及会与会之间的顺序、位置都由天后宫决定。这会上哪儿出，事先得安排好了。每个会出会，无论是出庙会，还是到别的庄子出会，来了停哪儿，用哪个街，从哪个街走，都必须给安排好。出会就怕会见会，犯冲突。有时候，你也走这儿，他也走这儿，就碰见了，碰见就得拜会。两个会此时都停止活动，响器都停，会头一换帖，你让我过，我让你过。过去以后，各种乐器再响。见面时候，必须将手彩儿举过头顶；鼓楗子托起来，放在胸前，不举过头顶，因为法鼓以鼓为主。过去以后，会头就说"起吧起吧"，互相礼让。"起吧起吧"就是"耍吧，你们开始敲吧"的意思，两会便可顺利通过。

有时候违反了会规，两会就要犯冲突。挂甲寺会员讲，他们没有和别的会发生过冲突，但是他们见过大直沽高跷和东楼高跷犯过冲突。东楼高跷的腿子，都瘸了半个，东楼高跷整个完了。出事后，就要了事。

所有出会的会头都去，到一个大的地界儿，过去很多佛堂，就到佛堂里边儿去处理，了事儿。东楼高跷会头跪那儿了，说："谢谢，谢谢。"光了事儿不行啊，大伙得扶起来啊，都砸烂了，腿子都折了，衣裳也撕了。东楼高跷会头说："不置了，算我们没有这道会。"玩儿会，平常玩儿没事，有时候挺复杂的，一出会容易冲突。现在没有这种事儿，出会万一犯冲突了，政府就出头解决。

以前各会讲规矩极了，上人家那儿拜会，得提前一天贴海报，上面写着"挂甲寺庆音法鼓銮驾老会"。但是贴海报也有规矩，不能乱贴，必须得提前通知人家。否则就是蔑视对方，看不起人家。庆音法鼓犯过这个错误，有一次去大直沽出庙会，没有通知人家，就把海报贴出去了。一拨头（一扭身），人家来人了，哗哗把海报就给撕了。后来通过一个很有名望的刘四爷，才把事情解决，把海报重新贴上。所以，各会必须懂会规；其次，还要遵守会规。

行会时的规矩是，通过有会的地方，一定先打招呼。如果从一个庄子过，必须知道这庄子上都有什么会，得拜会，这是规矩，如果不拜，等于看不起这道会。比如庆音法鼓去土城出会，路过杨家庄永音法鼓会，会头就要带几个人举着旗，挎着香袋，去永音法鼓拜会，以示尊重。

拜会在过去是经常的事，现在则很少拜会。会与会之间的交往比较少，会头仅知道有哪些会，会头是谁，现在传承情况如何，但是已经很少拜会。有时出会，各会遇到，互相换帖即可，拜会仪式逐渐由繁变简。但会与会之间的交往礼仪仍然根深蒂固地存在，民间花会交往自然而然形成的规矩和仪式仍然规范着花会会员的行为。

会与会之间的交往礼仪表现在礼物交换、礼节成规和天津人的地域性格方面。如果去拜会，需要提着茶叶、各式鲜货（如苹果、荸荠等）、各式点心（大八件和小八件），请会的也需要摆放这些点心，这种礼物交换是一种不同社区、不同地域、不同血缘关系的互动和流通。通过礼物的交换，更好地实现沟通和互动，形成一种仪式性的礼物交换场合，礼物表现的是一种礼仪和面子。天津人好面子，讲礼节，热公好义，各方面都不能输给对方。莫斯在分析古代社会中的礼物交往时认为："礼物与契约就是以礼物的形式达成，表面上这是自愿的，但实质上，送礼和回礼都是义务性的。"[1]这种极富象征性的义务性的送礼和回礼，建构起一种花会共同体的联谊。

1.马塞尔·莫斯：《礼物——古式社会中交换的形式与理由》，汲喆译，上海：上海人民出版社，2002年，第3页。

五、会与民商的关系

天津因漕运的兴起而繁华，成为交通枢纽和商品集散地，所以，出现了许多豪门巨富，如著名的"八大家"，一方面热心公益，济困扶弱；另一方面又爱凑热闹，讲义气，肯出钱出力，这种性格使商家对于各会极为尊重，截会在传统社会极为盛行。

天津皇会的会种分为三类：一是服务性质的，如扫殿会、净街会、请驾会、梅汤会等。二是仪仗性质的会，如门幡会、太狮会、广照会、宝鼎会、接香会、日罩会、灯罩会、銮驾会、华辇会、护驾会、灯亭会、鲜花会等。三是以各类乡村民间花会为基础的表演。服务性质的会和仪仗性质的会都需要由大的商家支持；各类乡村民间花会虽则是全庄子村民办会，但是也需要本村有钱人的支持。

挂甲寺庆音法鼓每次出会都需要资金，资金的来源离不开民商的支持。早年间出会，都是由会头敛本庄子买卖家的钱出会。挂甲寺村菜农较多，比较大的买卖家也多是经营菜品生意。挂甲寺傅家、陶家、宋家、闫家、范家、李家这些大户，到时候自然而然给捐款。庆音法鼓以前有个会头即开有药店，会头傅宝安说他们老傅家买卖家就挺多。

截会是天津花会的一个传统。每逢出会，会有各大商家截会，让花会专门为他们表演一番。一是可以显示大商家的经济实力；二是可以抬高所截之会的声誉。但凡遇截会，庆音法鼓一定会表演最精彩的上播，引得围观者众，这样可以为商家聚拢人气，商家自然最高兴不过。

以前出会，会从谁家门前过，门前都提前摆好了点心。夏天是绿豆糕、绿豆汤和白糖。会员们吃不吃、喝不喝是一回事儿，但都得摆上，表示尊敬。傅宝安回忆他奶奶每逢庆音法鼓出会就把八仙桌摆在家门口迎会，冬天摆白皮儿、槽子糕、小八件、茶水；夏天摆绿豆糕、绿豆汤和白糖。吃不吃是会上的事情。但凡从门口过，过去挂甲寺的老住户、老乡亲，就给摆好了点心、茶水。会员会大喊一声："傅老奶奶，谢谢。"就撂一场，开钹开铙敲打一番。会头敲一下锣，"铛"一声，给老奶奶飞一场。现在则没这一说了。过去不能打扰老百姓，不能吃人家、喝人家的，在本庄子一出会，都是八仙桌一摆，放上点心、茶水，都不许动。找老百姓敛钱可以，老百姓的东西不许动。这也叫迎会，迎会的人支桌子摆东西，庆音法鼓的会头就在前边敲头锣"铛"一下，便落一场表演一番。都是本乡本土的老居民老住户，这是农民自娱自乐的一种方式，发自内心，以示对本村法鼓的尊敬和喜爱。

庆音法鼓出会多是庙会，庙会其实也是一个商业集会。大家逛庙会既可以采买东西又能欣赏各种花会的演出。法鼓会既可以给商家聚拢人气，促进商业的繁荣，也可以酬神娱人。尤其是天后宫，过年天津人必去天后宫购买年货。天后宫不仅仅是农历三月二十三娘娘诞辰举办庙会，而且腊月十五至正月初一也要举办盛大庙会。天后宫宫内宫外有各式店铺，尤以卖剪纸、吊钱儿和金鱼著名。天后宫作为一个信仰中心和商业中心，为五方杂处的天津人提供了热闹的聚会场所，民间花会的壮大和天后宫的商家无法分开。

第三章

程式与技艺

一、角色

挂甲寺庆音法鼓銮驾老会分文场和武场。文场为仪仗执事，武场为各种乐器表演。文场无表演角色，但需有专门人员负责拿半副銮驾和其他设摆器具。武场的表演角色主要是鼓、钹、铙、铛、镲铬的表演者。武场角色从幼时练习法鼓，是法鼓会的固定会员；文场执事人员多不固定，而且多由村民担任。

法鼓的文场一般会有挑茶炊子表演，庆音法鼓文场没有茶炊子表演，虽然有挑圆笼、样筲的，但也不进行表演，这是和其他法鼓文场的不同之处。其半副銮驾行会时只需有人手执即可，设摆时插在架子上，都没有表演形式。

法鼓具有宗教性，比较严肃庄重大方，所以角色一般都不化妆，素妆出会。

武场中，鼓、钹、铙、铛、镲铬的表演者一般服装统一。解放前穿的衣服是坎肩式的长褂。解放后是紫色的带黄云子钩的戏装。1958年去天津第六体育场出会，穿的就是紫色的衣服。那时的服装是街公所给的，表演完需要上交。后来的服装是传统的中式服装，从1984年开始有第一套，到现在已经是第三套。1984年是秋衣秋裤，没花，两边有三道杠，纯棉的，有拉链。还有一套戏装，黑灯笼裤，缎面绉，夏天出汗时不沾。上衣有大云子钩，有绊子（盘扣）。衣服上的图案是云纹，袖子是剑袖，袖口比较紧，是为了耍钹和缠缨子的时候不碍事。帽子，法鼓会里的人称包头，一般都有边儿。裤子和衣服的颜色一样，是灯笼裤，再配上沙鞋。沙鞋穿上走沙土地的时候，进不了沙子，因为过去都是土道，沙鞋是高腰儿，灌不了沙子。现在都不穿沙鞋了，穿普通的鞋即可。

庆音法鼓会员在20世纪80年代出会时穿的服装

旧时会员穿的沙鞋

每一套衣服上面都有编号，比如李相义会员的衣服上写着挂甲寺35号。衣服是谁的就是谁的，不能乱穿。会头穿普通的衣服即可，文场的人也穿日常的衣服。过去表演有时还要戴手套，现在不戴，戴上手套就拿不住东西。每次出完会都要把衣服妥善放在会所，尤其是夏天，出完会有好多汗，所以一出完会，就要赶快晾衣服，要喷酒，再放几包樟脑球，这样衣服才能保存好。

法鼓以鼓为主，所以武场的五个表演角色中，鼓最为重要，是灵魂。打鼓者，被称为打鼓佬。挂甲寺庆音法鼓打鼓最好的有张富春。现在敲鼓的只有傅宝安一人。傅宝安在学敲鼓之前，玩钹、铙，对法鼓的曲牌和套路特别熟，所以他敲鼓时很快就能上手，不乱分寸。没有做打鼓佬之前，需要自己练，鼓一般没有师傅教，等到没有打鼓佬的时候，才可以上手。鼓音必须分辨得特别清楚，不能连汤带水。不一样的人敲鼓的音不同。傅宝安敲鼓的诀窍是鼓槌儿不能攥得太死，得捻鼓槌儿，这样敲出来的鼓音才能有嘟噜声，带嘟噜声的鼓音好听，有轻重点。

1986年，庆音法鼓恢复之初，鼓的风格不统一，特别

打鼓佬

多变，打鼓佬有张富春、王贵田、王满昌，还有傅同仁。孙尚平领头钹，李相义是二钹，这是会里规定的，他们二人套路好，别人不能串。孙尚平之后是傅宝安领头钹。领头钹时，需要先开套子，比如打《双桥》，一开钹的时候，钹伸出去，敲"恰——恰——"，铙敲"仄——仄——"，大家就知道要打《双桥》。一般来说，头钹对曲牌要相当熟悉，鼓通常也听头钹的。再比如，不打六套隔一套了，打花的，打《老河西》，头钹起打《老河西》的曲牌，开钹，其他人就知道跟着打《老河西》。

打钹老一辈最好的是徐寅和孙尚平，缠头裹脑很清楚，让人看着很明白、自然、流畅。现在则大部分打钹打得发死，动作不舒展，钹缨子没有上下左右翻飞的动态之美。

敲铛子者

敲镲铬者

　　徐文和飞钹飞的花是大花，动作看着特别松散，但"啪、啪"带劲，有风，很有力量也好看，敲出来的音也好听，声音脆而且传得远。法鼓，是离得越远声音越动听，因为它的声音传得远。

　　现在打铙打得最好的是孙宝昌，孙宝昌、闫来德等人的师傅是闫玉亭，打铙也是佼佼者。铙的点比钹多，比钹难敲，所以，要敲好铙，点儿必须很准，不能错一点。

　　敲镲铬和铛铛之人，现在多为上年纪的会员，对曲套已经了然于胸，敲击镲铬和铛铛也较为容易，所以，并没有特别突出的角色。现在会里的老人既可以敲镲铬，也可以敲铛铛。最早时，法鼓会敲镲铬的一般都为刚入会不久七八岁的小孩儿，小孩儿表演能够很快吸引观会者的目光。

二、曲套

挂甲寺庆音法鼓的曲套演奏有相对固定的形式，一般是：前奏→连接段→曲牌→连接段……→尾奏。其中演奏的曲牌根据情况可多可少，一般都有固定的打法套路，如六套隔一套、隔一套、小上擂、单歌儿、全隔、前三套、后三套等。曲套和曲套之间转换的时候有连接段，在开始的时候有前奏，结尾的时候有尾奏。

1. 六套曲牌

挂甲寺庆音法鼓有六套曲牌，曲牌也称套子。第一套曲牌《桥头》《瘸腿》，第二套《对联》，第三套《绣球》，第四套《连卒炮》，第五套《双桥》，第六套《老河西》。《桥头》和《瘸腿》是两个曲牌，因为比较短，所以在演出的时候，要连在一起演奏，因而算一套曲牌。这是1984年法鼓恢复以后，会里的老人说，敲这六套就够了，所以，这六套法鼓就延续至今。过去除了这些曲牌之外，还有其他一些曲牌，当时也并不常打，后来逐渐忘记，比如《八卦图》《富贵图》《鬼叫门》和《相子》等，所以这些曲牌以及相应的动作没有传承下来。这种传承的断裂是对非物质文化遗产原真性的一种破坏。

每一套曲牌都有曲谱。法鼓的曲谱符号书写方式比较特别，靠口传身授流传，没有固定的记谱标准。所以，要弄清楚法鼓与法器的记谱法、念法、符号标记和书写法。法鼓会员学法鼓，第一要学的就是念这些套子。只有会念这些套子，才能听懂法鼓。挂甲寺庆音法鼓的曲谱有三个符号，一个是"×"，一个是"光"，一个是"一"。"×"代表钹敲，"光"代表铙敲，"一"表示一个拍节或隔断，是空音，空半拍，代表镲铬敲。每一个曲牌的曲谱里还有符号"※"、"‖:"和":‖"。"※"表示在钹敲那个音的同时有抖钹的动作，抖钹就是抖双腕子。"‖:"和":‖"是起始符和结尾符,表示这段曲谱要重复敲一遍。但是这两个符号是李相义后来加上去的,之前,单腕子和双腕子表演之处并无此标记,一般都是跟着师傅练的时候自然而然记住的。

符号	演奏乐器	念法	备注
×	钹	Qià(恰)	代表阴
光	铙	Zè(仄)	代表阳
一	镲铬	Yī(一)	代表隔断(有艺人说不代表镲铬)

挂甲寺庆音法鼓的记谱方式主要是以钹、铙两种表演乐器的音节和拍节符号为主,但是演奏者大多只记形声字的念法,而根本不管它的拍节如何标记,所以与民间流传的工尺谱一样,如果背不下来所演奏的曲牌,即使看着谱子也无法演奏。所以,如果不是法鼓会里的人,就可能根本看不懂谱子,或者看着谱子也不会敲。但谱子又十分重要,表演者在演奏时需要。曲谱对于表演者来说是融化在血液里的东西,需要背下来,背不下来,就不会敲法鼓。曲牌上的谱子被法鼓会员称为"点",敲法鼓,先要学会记点,熟练地敲点。曲牌也被会员们称为"歌儿",练曲牌就是练歌儿。最早学的时候一是拍手练歌儿,一是拍腿练歌儿。

看一套曲牌的第一个符号,如果是"×",就是钹开。如果是"光",就是铙开。所谓"开",就是在演奏的时候,其他的钹、铙都不动,就头钹或头铙先敲,根据开的点,其他乐器就知道敲的是哪套曲牌,然后再跟着敲这套曲牌。如果是"×",头钹就敲一下;如果是"××",头钹就敲两下。如果是"光",头铙就敲一下;如果是"光光",头铙就敲两下。除《对联》是铙开外,其他都是钹开。

演奏过程中，会将几个曲牌进行组合，形成一个演奏形式和套路。在进行表演的时候，具体表演哪些曲牌要视表演时间和场合而定，一般由会头决定。通常有以下几种敲法：

六套隔一套：也叫全隔，指打六套曲牌，在每套曲牌中的过渡要隔一套，隔一套之前需要敲常行点、转套子点这些连接段。开始敲的时候，先敲前奏，然后敲曲牌《桥头》《瘸腿》，接着是敲常行点、转套子点，然后隔钹；隔钹后再敲常行点、转套子点，敲《对联》，然后敲常行点、转套子点，然后隔铙；隔铙后再敲常行点、转套子点，敲《绣球》，然后敲常行点、转套子点，然后隔镲铬；隔镲铬后再敲常行点、转套子点，敲《连卒炮》，然后敲常行点、转套子点，然后隔铛子；隔铛子后再敲常行点、转套子点，敲《双桥》，然后敲常行点、转套子点，然后隔鼓；隔鼓后再敲常行点、转套子点，敲《老河西》，再敲常行点然后上擂。如果会员不会隔不会背，漏傻气，老一辈也不要这样的会员。上哪儿出会都要硬苟人，六套隔一套都得通。每一次出会，如果玩儿得不好，老一辈连派都不派你，让你敲铬子或者上旁边拾掇家伙去。

隔一套：也叫单隔，是指单敲一样家伙，不敲曲牌。一个表演器具敲点，敲完点后，停，这个时候，其他四个表演器具再敲点，五个表演器具分别敲钹、铙、镲铬、铛子、鼓，一样一样隔。隔的时候，要按"五二三一"的顺序敲点。比如隔钹，就是钹敲，其他四个表演器具停，等钹停的时候，其他四个表演器具再同时敲。敲的点儿是五二三一，隔的点儿也是五二三一，一个点敲两遍。钹敲五下"×× ×××"的音，然后停，铙、鼓、镲铬、铛子也敲五下"×× × ×××"的音，钹再敲五下，停以后，其他也再敲五下；钹敲二下"××"，停，其他敲二下，钹再敲二下，停后，其他敲二下；然后钹敲三下"×××"，停后，其他也敲三下，钹再敲三下，停后，其他也敲三下。钹敲一下"×"，停，其他敲一下，钹再敲一下，停，其他再敲一下。这样，隔钹就结束了。然后再倒回来，隔铙，铙开始起头敲，也是五二三一的顺序。再按照同样的方法隔镲铬、铛子和鼓。单隔的时候，单槌敲鼓，就表示要隔一套。

上播：也称上力、飞。上力表示上播是全套曲牌的最高潮和最精华所在，需要下力气敲，非常累，所以会员都戏称上播为"上累"。飞，表示上播表演中主要是飞钹、飞铙，一上播，表示整个表演就快结束了。

单歌儿：上播有两种表演形式，一种是五种乐器都敲打，叫"武上播"；一种叫敲单歌儿，钹、铙不飞，光鼓、铛子、铬子敲打，叫"文上播"。这两种敲的点儿完全一样。单歌儿一般在演出还没正式开始之前敲击，即刚哨完鼓，会员聚集到一起时敲，也供大伙儿热身之用。上播的时间一般为六七分钟左右，单歌儿的时间一般为四五分钟左右。钹、铙玩儿累的时候，也可以敲单歌儿，照样激烈，只是钹、铙不飞，没有舞蹈动作。

小上播：开钹后，紧接着就要敲小上播，然后才开始敲曲牌。敲曲牌之间，鼓要"叫"，也称叫鼓。小上播时，有扑蝴蝶、叠钹以及单腕子等动作。

前三套：《桥头》和《瘸腿》，《对联》，《绣球》加上上播。

后三套：《连卒炮》，《双桥》，《老河西》加上上播。

一般很少打个单套曲牌上播。出会时，具体怎么敲，敲哪套曲牌，由会头决定。一般，《对联》和《绣球》这两套曲牌经常打。有时候上播必须加一套，就加《对联》或《绣球》，因为先打个套子好改点，这两套曲牌的节奏比较欢快，这样改点后紧接着上播并不显得突兀反而连接很自然。

别的法鼓会打的曲牌套路有一品、二品之称，挂甲寺庆音法鼓没有。

《对联》和《绣球》这两个曲牌许多法鼓会都有。因为法鼓的前身是佛教里面的法器，但最早的来源是太平鼓。天津地区菜农多，到冬闲的时候就坐着敲太平鼓，会敲太平鼓的大都会敲这两套曲牌，因为这两套敲起来比较喜庆，同时也比较好敲。到底是谁创作的这些曲牌，现在已经无从考证，挂甲寺的曲牌据会里的老会员说是由田庄的刘四爷所传授。

每套曲牌的曲牌名和谱子都有独特的审美、音韵和解释，传承至今已有几百年历史，其内涵只有被演奏者淋漓尽致地敲击出来才能够完美彰显。

《桥头》《瘸腿》，是第一套曲牌，这个曲谱比较平淡，没有重复和反复，而且舞蹈动作比较单一，而《对联》《绣球》舞蹈动作较多。开钹后，打完小上搓，就要打第一套曲牌。《瘸腿》的曲牌名之所以如此，是因为钹开后两只手臂立即举向前方，伸出来的手臂，左长右短，故称之为瘸腿，以钹敲时的形象命名曲牌名。

《对联》，法鼓之音讲究阴阳相合，钹、铙相对，有如一问一答，故称之为《对联》，有应答思辨之意，具有相对性。

《绣球》，曲牌奏起来以后，所有表演舞姿均像球一样，故称之为绣球。《绣球》的名字也比较喜庆吉祥。

《连卒炮》，据傅宝安讲，他问过老会员郭振清，这个曲牌里面有个"炮"，就是钹和铙同时敲的点，即"光、光恰、光恰、光光恰"，这个是炮，所以，叫《连卒炮》。

《双桥》，据傅宝安讲，所有曲牌里，这个最好听，就像水推波助澜一样，一级一级往前推赛的。傅宝安领头钹，一般《双桥》打得多，就跟进入仙境一样，打完这个曲牌，特别轻松，也特别兴奋。但是这个曲牌比较复杂，同时钹的动作，单腕子和双腕子比较多，练起来比较难。

《老河西》，因为过去天津有河东、河西，以前挂甲寺在河东，后来海河改道称河西了。但是这个流传下来的老曲牌，估计是从老河西那边传过来的曲牌，所以叫《老河西》。

2. 连接段

敲法鼓时，在敲各个曲牌之间转套子时会有连接段，行会时也敲常板点。常板点，也叫常行点，没有曲谱，靠口传身授传承，视情况不同，其音也不同。一般行会时敲的常行点为"仄、仄恰、仄仄恰"，"仄、仄恰、仄仄恰"，常行板无尽无休，但是最少打六番，形成拍节。

六套隔一套时，常行点是"仄仄一恰、仄仄恰"，可重复。

五个扯旗儿和六九钹之间的过门有常行点，飞完一个动作后，可以缓解一下。"仄、一恰、仄恰"，"仄、一恰、仄恰"，可重复。

六九钹和叠金钱之间有个过门，也叫常行点，阴鼓多阴会儿，一般敲完六九钹后，钹、铙都很累，这时候敲常行点可以休息一下，还可以缠缠钹缨子。这个时候的常行点为"一个经恰、一个经恰、一个经恰"，可重复。

小上擂的点是"恰恰、仄恰、仄仄、恰仄一个恰、仄个一恰、仄仄恰"。

六套隔一套得听鼓叫，鼓叫隔一套的点是"仄仄、一恰、仄仄、恰"。

3. 上擂的点

一般分三个阶段：扯旗儿、六九钹、叠金钱，这三个阶段都有单独的点。老一辈教的时候，从小就得记这个歌儿（点），"得而轮敦依恰轮敦恰-恰-恰"。还有最常学的一个点，挂甲寺小孩一出来，都是"仄经仄—其咕隆咚"，小时候光教这个歌儿。傅宝安小时，由只有半拉指头的杨连芳教他们上擂的曲牌。

扯旗儿的点是"恰、仄恰、仄仄恰"连续五个，这五个点对应的是五个扯旗儿的动作。然后是"仄恰、仄恰、仄仄恰"，"仄恰、仄恰、仄仄恰”，“仄恰、仄恰、仄仄恰”，这些点对应的是"弹棉花"的动作，三番，然后是"恰、得恰仄恰"，"仄、一恰仄恰"，对应的动作是大鹏展翅和海底捞月的动作。

六九钹的点是"喷儿啪定恰一个定恰"，一共是三个，对应的动作是6个叠钹的动作，然后点是"喷儿啪一、恰恰恰"，"喷儿啪一、恰恰恰"，"仄仄仄、恰恰恰"，"一个经恰、一个经恰"，"一个经恰、一个经恰"，对应的动作是左钹、右钹一共9个。

叠金钱的点是"仄经仄、其咕隆咚"，"仄经仄、其咕隆咚"，"其咕隆咚"，"其咕隆咚"，"其咕隆咚"，"其咕隆咚"……。对应的是钹的左叠、右叠和中叠，左边三个，右边三个，中间三个。铙对应的动作是左跨鼓、右跨鼓，一边一个，一共三番。然后点是"一个经恰、一个经恰"，"一个经恰、一个经恰"，"一个经恰、一个经恰"，"喷儿啪定恰一个定恰"。对应的是钹铁板桥的动作，接着是海底捞月，对应的铙的动作是猫洗脸。"仄经仄"的时候，鼓要静音不出声，突出铛子的声音。

1.庆音法鼓曲套《对联》

2.庆音法鼓曲套《桥头》

3.庆音法鼓曲套《茄（瘸）腿》

4.庆音法鼓曲套《绣球》

5.庆音法鼓曲套《连卒炮》

6.庆音法鼓曲套《双桥》

7.庆音法鼓曲套《老河西》

三、动作

挂甲寺庆音法鼓是半文半武的武法鼓，由文场和武场两部分组成。文场基本没有动作，动作主要集中在武场上。武场的动作集中体现在钹、铙这两种表演乐器上。钹、铙的动作也叫飞钹、飞铙，主要是在上擂的时候飞，民间称之为"飞钹缠铙"。法鼓表演的特点就是边奏边舞，因此难度也大。

1.上擂的动作

上擂有三个高潮，每个高潮，钹都有动作，具体如下。

第一个高潮叫"扯旗儿"，因为其开始的动作像把旗子儿扯起来。一般是五个扯旗儿，先是左边一个扯旗儿，然后右边再做一个扯旗儿，一共打五番，即左边三个扯旗儿，右边两个扯旗儿，这个动作也被称为"左飞"、"右飞"或"左扯"、"右扯"。左扯旗儿的动作是左手甩出去，缨子甩直；左臂伸直，右手在头部右侧托钹，左臂和右手形成一个三角，像旗在迎风飘展。右扯旗儿的动作是右臂甩出去，缨子甩直；右臂伸直，左手在头部左侧托钹，右臂和左手形成一个三角。扯旗儿的时候分几个步骤，扯旗儿时手持钹从脑后绕过，叫缠头裹脑、叠钹等；然后是弹棉花的动作，一共三番。

平常敲钹的时候动作不多，分单腕子抖钹和双腕子抖钹。钹捧起来后，盖顶，两边一分，甩出去，手再收回来，伸出去，就是双腕子；右手缠头，左手裹脑，左手再向前方伸出去，是单腕子。

第二个高潮是六九钹，之所以叫六九钹，傅宝安解释因为钹的两个动作，一个掏花打6番，一个飞钹打9番。而李相义则解释为六九钹整个不打全，钹和钹之间不打满，打时是六分，回来是九分。对动作名称的不同阐释都能够自圆其说，也许这正是六九钹的奇妙之处。

六九钹动作，先是像太极拳的抱球在胸前，然后一个缠头裹脑；两个纺车，然后裹脑缠头；再两个纺车，然后缠头裹脑；最后海底捞月。

钹弄不好容易磕着脑袋，得把钹反过来缠头裹脑。会员年轻的时候经常会磕破脑瓜子，比较危险。所以，练习时，一定要将钹的背面对着脑袋。

第三个高潮是叠金钱，之所以叫叠金钱，是因为其动作看起来就像把金钱叠到一起，可以左叠、右叠、前叠、后叠、中叠。叠金钱时，一般钹先左叠、右叠、中叠，各三番。然后敲钹者脑袋向后仰着，整个身体向后下方弯曲，这被称为"铁板桥"，两个钹在头上来回飞舞，此时并不敲击出声。具体飞舞几番得听鼓的，不一定，最少一般得打十几个回合。

打完叠金钱这个动作，法鼓就准备"收"了，即指法鼓准备结束动作，也就是收钹。

整个上播敲完以后，还没有结束，还要由头钹重新开钹，然后再敲一个套子才算结束，这样的结束显得不突兀。结束的时候，所有人手中的表演器具都要双手高举过头顶，这被称为"顶

捧钹

击钹

击钹后，两臂举钹向两侧自然张开

单腕子抖钹

扯旗儿

纺车

飞钹时，每个动作都要到位

即便是八十多岁的老会员，表演起动作也威风八面

铁板桥

叠金钱

骑马蹲裆式

礼", 以示谢意。

上撂中, 铙的动作在三个高潮也不同, 具体如下:

第一个高潮扯旗儿, 铙没有动作, 敲击铙点即可。

第二个高潮六九钹, 铙没有动作, 敲击铙点即可。

第三个高潮叠金钱时, 铙的动作最多, "仄经仄"的点, 铙先左跨鼓然后右跨鼓, 左跨鼓的动作为左腿向左迈出一步, 然后左铙右铙在身体左侧互相缠大花, 右跨鼓则为转向身体右侧表演该动作。然后有个"猫洗脸", 动作为左右铙铙心朝上叠在头顶上, 然后左铙右铙依次铙心朝向头部, 从头部上方打至下方, 从远处看, 仿佛猫洗脸的动作, 再左跨鼓再右跨鼓, 一共表演三番。最后海底捞月, 动作为身体蹲下, 铙在身体下方缠花, 仿佛在水中捞月一般。

抱铙

先左跨鼓再右跨鼓，从胸前开始持铙呈抱球姿势，然后至左，再过头顶，最后再到右边

转铙

猫洗脸

捞月

铙边很锋利易磕到头部，表演时一定要全神贯注

在法鼓表演动作中，每种打击乐器都有自己独特的动作。

2. 鼓的基本动作

法鼓以鼓为首，鼓在法鼓中是灵魂，所以，鼓的动作也很丰富。

(1)单打：单槌击鼓。

(2)双打：双槌击鼓。

(3)阴鼓：由强渐弱，由快渐慢。

(4)哨鼓：法鼓表演时，首先由鼓手连续击鼓三次也可多次，"咚、咚、咚、咚、咚咚咚咚……"，鼓声由弱到强，由慢到快，被称为"哨鼓"。哨鼓后，各种手彩就要举过头顶顶礼，对观众以示谢意。

(5)捻鼓槌儿：敲鼓的时候，鼓槌儿需要用三个手指头捻着敲，这样敲鼓的力度大，声音响且远。

敲鼓时，要用三个手指头捻鼓槌子，敲鼓的声音才有嘟噜声

(6)叫擂：上擂时，打鼓佬敲击鼓的速度要加快，让其他人一听就知道要上擂了，鼓要赶着、叫着，让钹、铙赶快上擂，飞钹、飞铙。

鼓敲鼓心，表示铙奏；鼓敲鼓边，表示钹奏。鼓是表演的总指挥，有权决定什么时候演奏，但要根据头钹开的曲牌和速度节奏来决定。

鼓的演奏技巧没有专门的人传授，打鼓佬傅宝安的大爷就是打鼓佬，但是都没有传授给他学鼓，靠一个悟字，首先要熟记套子，然后观摩打鼓佬的动作，傅宝安学的时候，就是在家里拿筷子当鼓槌儿，拿小桌子当鼓练。只要会单歌儿和上擂，鼓就算学成了，其他歌儿就好敲了。

鼓的演奏技巧是一定要打出轻重之音，没有轻重之音就听不出什么套子，并且鼓还要和其他表演器具配合。该会王四爷从香港回来，1987年在"二宫"设摆的时候，王四爷不忘乡音，坚持敲鼓，傅宝安领头钹，王四爷敲的鼓没有轻重点，一色的嘟噜，打的什么套子其他会员听不出来，别人都跟不上。是因为他都自己练，敲的时候只按自己练的敲，没有和大伙儿一块合作过。

3. 钹的基本动作

(1)缠钹：也叫网钹，就是把钹上面的钹缨子缠到手上，以中指为主，上边的缨子正够缠手的，胳膊弯着，钹贴在肩膀上，钹缨子正好是从手到肩膀的距离，这样缠下来，就正好缠在手里。别管人多胖多瘦，只要这样缠就正好。

(2)捧钹：捧钹是钹的基本位，行会不需要表演的时候，要捧钹行会，或者准备开始表演的时候，都要捧钹站立。具体姿势是双手捧钹，两钹相叠，钹心朝胸，站得笔直，敲完点后就回到捧钹的姿势。坐敲的时候要把钹放在腿上。

(3)开钹：开钹时由头钹开，开的时候，双脚站立与肩同宽，缨子甩起来。钹心朝上，两个钹边三分之一处相叠，两个钹有力地向上扬，钹缨子"唰"地一下朝上飞起，带风，连击三下，俗称"开"。之后，全体武场会员才随击钹的速度合奏起来。

(4)抖钹：分单腕子抖钹和双腕子抖钹，这是打套子（曲牌）时的动作。抖钹的时候，要骑马蹲裆式。敲套子结束了，有个单手抖钹；开完钹，又有个单手抖钹。两只钹悠出来，竖击钹，然后把钹向上抖起来，俩钹缨子往上抖一下。一般是右手抖，左手不用抖；右手缠头，左手裹脑，回头望月，左手再向前方伸出去，是单腕子，就像龙出水一样，腕子和缨子出去都是直的。看单腕子好坏，就是看缨子飞的质量。抖钹的时候，必须把钹翻一下，这是个动作，也是个点。必须得响，不响不行。翻的时候，是右手钹的上左边碰左手钹的下左边。翻钹的时候，一磕（碰）。磕不好的话，容易打手。套子中间一般都是双腕子抖钹，没有单腕子抖钹。鼓一改点打套子了，就要双腕子抖钹，每个套子以前都有双抖钹，需要搂墩儿也就是骑马蹲裆式。一开始把钹捧起来，然后盖顶，两边一分，甩出去，手再收回来，这个也被称为叠蝴蝶（扑蝴蝶），伸出去，就是双腕子抖钹。

(5)背钹：是指钹绕向脑后，钹心向外，还要钹边相击，敲出声音。一般在表演五个扯旗儿、六九钹单腕子时，有背钹这个动作。

(6)亮钹：是指在演奏单音时，击奏后将钹往外亮钹发音，钹是朝向身体之外的方向，需要亮出来，方才好看。

(7)搂钹：指两片钹相击后两钹相叠收在小腹前。

(8)捽钹：为击钹的一个动作，当钹心朝上击钹后，两只胳膊朝下自然垂放，把钹心朝向身后，为捽钹。

(9)搂墩儿：即骑马蹲裆式，这是表演钹、铙时最常用的腿部动作。

(10)一字钹：就是在表演之前，要把两个手臂伸展开，成"一字钹"的手势，以此来丈量两个敲钹者之间的距离。

(11)叠钹：两钹相叠为叠钹，如叠金钱时其动作为叠钹。

敲钹的时候，钹边碰钹边，而且钹必须冲着外面敲，不能冲里敲。钹稍微偏一点儿，就容易磕着头部。师傅教的时候，就嘱咐必须冲外面，而且必须摆正上去，如果摆不正的话，就上不去，还要离脸远点上头顶去，偏一点都容易磕着脑袋，要是正的话，磕不着。

法鼓会中，钹的作用很重要，除了鼓就数钹的作用大。敲《桥头》《瘸腿》《绣球》《连卒炮》《双桥》《老河西》这些套子的时候，都是头钹开，只有《对联》是铙开。一般是大伙儿一听头钹敲什么，其他乐器才跟着敲。通常做头钹的人是资格老一些的或者对套子熟悉一点的，站在头一个，其他敲钹的可以看头钹的动作。

开钹的时候要把乐器亮起来，比如说开《绣球》的时候，钹要打四下，加一个双腕子；开《老河西》，钹打四下，没有腕子动作；开《桥头》《瘸腿》，钹要打两下，没有腕子动作；开《双桥》，钹要打两下，没有腕子动作。

敲钹的时候要敲边儿，不能闷，一闷钹就会打坏。闷是指敲钹时，两只钹使劲地完全扣在一起，这叫十分钹，闷容易把钹伤了，声音也传不出去。稍微错开一点儿，要7分拨，钹边儿碰钹边儿，不容易伤着钹，声音也容易发出去。

站着敲时，双脚基本是呈小八字站立，一般一三五站的是老钹手，二四六站的是新钹手。新练飞钹的，被夹在四副老钹中间，这样年轻的钹手就容易被带出来。开钹的时候，头钹的腿部没有动作。敲时各种乐器一般以鼓为中心，钹和铛子在右，铙和镲铬在左。法鼓是集体表演的广场艺术，强调集体配合性，一个人无法完成表演。

敲钹时，一挽上钹，就不能嘻嘻哈哈、随便打闹。眼睛先到，眼到手到钹到，钹必须跟得上眼神。头钹双手一扬时，表示表演结束，俗称

"收"，然后武场其他乐器敲击者都要把手中的乐器高举过头顶，以示谢意，表示整个表演结束。

4.铙的基本动作

法鼓中，钹的动作较多，铙的动作较少。

(1)抱铙：抱铙的时候也得合上，晾着不行，这是法鼓会的规矩。

(2)转铙：敲铙时要左手转铙，同时右手也转铙。双铙搓击后，通过相反作用力，使铙在手中快速旋转。哪个手在上，转得更明显些，一个高一个低。一般，两只铙在胸前敲击后，左手朝上举铙，右手平举铙，铙心都朝上。

(3)研铙：将铙的两片上下按住，由左向右快速地摩擦，发出一种异常的声响，敲击后，铙心朝上，只有这样，铙的声音才能响亮好听。

(4)缠铙：左手拿铙在下，右手拿铙在上，像太极抱球一样，在胸前转铙，转铙后，右手拿铙在下，左手拿铙在上，此为一个缠铙，可连续缠铙。

铙在敲击中，还可根据曲牌，分轻击和重击等打法。马步是太极拳里的起式，在上擂中，要经常蹲着马步飞钹、飞铙，练马步对于会员来说是基本功，基本功必须扎实。铙的动作虽然不多，但是也比较累，因为需要一直蹲着飞，腿部的力量必须有。

敲《绣球》这个曲牌时，铙有个小花，叫海底捞月，也是骑马蹲裆式。

5.镲铬的基本动作

在法鼓五种表演器具中，镲铬的打法最简单。镲铬的打法是：左右手各执一个镲铬，双手紧握镲铬的黄色缨带，右手的镲铬敲击左手的镲铬，发出声音，敲击一下，一般称为一板。因为镲铬在法鼓中起到板的作用，是法鼓的音乐节奏的一种表现。八把镲铬同时敲击，镲铬缨子在风中波浪飞舞，极为活泛，甚是好看。

敲镲铬时一般只需保持一种节奏，持续敲打即可，为1/2拍。但是上播时，从扯旗儿开始，鼓点紧起来，镲铬的节奏也要快起来，为1/4拍。跟上鼓的节奏，掌握好板头，否则就会乱。如果鼓、钹、铙、铛子的点儿都上去了，镲铬还是原来的节奏，会影响整体的节奏，就是压板。当然，镲铬也不能节奏太快，如果比鼓的节奏还快，整个法鼓也会乱，音就不会齐整、错落有致。敲法鼓最大的忌讳就是音乱音杂，必须协调有致。所以，一般现在打镲铬需要硬苛人盯着，以防打乱拍节。

在法鼓中，铛子与镲铬的敲击相呼应，一般是镲铬敲击一下，铛子敲击两下，称为一板两眼。当乐曲演奏至高潮时，铛子的节奏会变快，每个拍子击奏三下，称为一板三眼。

6. 铛子的基本动作

铛子的动作也比较简单。铛子的打法是左手拿铛架子的下端，右手拿着铛楗子，敲击铛子的中心，一下一下地敲出声音。

敲铛子有缓有急，节奏点分常行点和上播点。铛子敲常行点，就是一下一下地敲。敲铛子难点主要是在上播上，点较多，铛子一直敲中间，到叠金钱，也是一个点儿下来，总是离不开打鼓的点，鼓快铛子也得快。叠金钱"仄经仄"的点，鼓停止敲，就听铛子的，专靠铛子和其他乐器的敲击声，尤其是铛子，此时极为欢快。

铛子平常敲点是在眼前敲，保着鼓和全场。尤其是扯旗儿过去以后，打鼓把鼓声音刹下来。鼓声音刚一刹下来，就听铛子的。铛子的声音得叫起来，而且这个时候钹、铙声音都不要太大，声音大了，容易把拍节打乱。镲铬和铛子行会的时候得敲着走。铛子和镲铬千万不能乱，一乱就全乱，铛子更不可多打点。有一个铛子乱，就会弄得满锅腥。所以打鼓佬须耳音极好，遇到铛子打错点，即会以眼示意，铛子打得不好的会员，应该打得轻一点。会敲铛子的人不一定会敲鼓，但是会敲鼓的人，一定会敲镲子。

挂甲寺法鼓的舞蹈动作，一是比较难，二是飞钹的舞蹈动作相当漂亮，这动作由老一辈会员从太极十三式的武术动作演化过来。虽然每道法鼓会都上播，都表演扯旗儿、六九钹、叠金钱的动作，但是有所区别。傅宝安从小就爱法鼓，其他法鼓会如河东贾家沽道善音法鼓、锦衣卫桥和音法鼓、杨家庄永音法鼓出会，他都看过，他觉得这些法鼓会的动作都有所变化，庆音法鼓与之不同。

傅宝安说，孙尚平的玩艺儿全部都传给了他。如果没有基础，老人不愿意教给年轻的会员，那时候也不愿意让其他的会学到，有点保守。闫玉亭是头铙，玩的是大花（指飞钹、飞铙动作大），缠头裹脑特别好看，舒展。随着最后一批练大花的人故去，目前会员练的都是小花。

敲五种乐器，被会员称为敲家伙，或者砸对砸对。傅宝安小时，由郭瑞发教他们舞蹈动作，郭瑞发的舞蹈动作不是最好看，但是他有耐心，他们上一届的师傅们都得跟他学。郭瑞发经常说："我教皮毛，教出来之后，你们自己再精工细作去。"五种乐器的敲击需要会员自己下功夫勤学苦练，方能深得法鼓精髓。

四、绝活儿和艺术特色

挂甲寺庆音法鼓的绝活儿主要体现于上擂时钹、铙的舞蹈动作中，强调刚柔并济、阴阳相对，而且暗藏太极十三式，如大鹏展翅、燕飞蝶舞、插花盖顶等。以前挂甲寺练武者众，玩儿武术腰腿好，庆音法鼓会员常说自己的动作是从太极十三式摘录下来的，许多会员小时候都学过武术。傅宝安说自己从小腰腿好，会员王子义是他学武术的师傅，他学的是太极十三式，铁板桥这个动作做多少个都不累，年轻时他横叉一坐就能下去。另外，孙尚平也是练的太极武术，陶大爷练太极十三式。1984年之后，全体会员在原有的舞蹈动作中，大胆创新，又把钹、铙行走起来，加入武术的步伐，遒劲有力。

上擂的三个高潮中，钹、铙的动作也是该会的绝活。五个旗儿扯出去，缨子整个得甩平。而且钹的铁板桥的动作，飞钹时腰应该是一个铁板，这都需要极为扎实的基本功。其他缠头裹脑、跨鼓、海底捞月、叠钹的动作，应舒展、遒劲、有力、整齐，在表演动作的同时，还要敲击出"点"即歌谱来，极为强调集体配合性与个人技艺的高超性。

庆音法鼓的曲牌也是他们的绝活儿，尽管天津每道法鼓都有曲牌，但同中有异，有相同的曲牌，有不同的曲牌。庆音法鼓的曲牌有的较为悲切，有的则欢快，强调阴阳相合以及对答性，五种表演乐器，钹、铙阴阳相对，铿锵有力，同时在鼓的指挥下，五音相互鸣奏、整齐和谐，不能有一个旁逸斜出之音。

天津法鼓的曲牌和敲击动作大体相似，但相似中有不同。这一方面和传授的师傅有关；另一方面和会头的风格有关。因此，每一道法鼓又独具艺术特色。

挂甲寺庆音法鼓的艺术特色内涵丰富，无论曲牌、还是舞蹈动作都比较突出。表演技巧高超、道具工艺精美、舞蹈动作独特，凝聚了民间文化的精华。法鼓表演动作刚柔并济、技艺超群，暗藏太极十三绝，故称民间艺术之正统，尤其是上播的飞钹、飞铙闻名津城，号称一绝，是本会向心力和凝聚力的标志。

天津挂甲寺庆音法鼓銮驾老会保留的明末"半副銮驾"，历史悠久，"后驾（彩驾）"特色鲜明，装饰华丽美观，做工精细。具有传承保护的史学及文物价值。作为天津地域文化的历史见证，有其独特的社会学、民俗学意义。而民间集体保护的形式，使其保持了"活态传承"的基本形态。正因为庆音法鼓有半副銮驾，该会的性格也就有所不同。无论去哪里出会，一般都是别的会主动来庆音法鼓拜会送会帖。出会时，主办方也会把庆音法鼓安排在比较重要的位置。

庆音法鼓有文法鼓和武法鼓之分，区别在于，上播时文法鼓没有飞钹、飞铙的动作，其他都一样。文法鼓既可以坐着敲，也可以站着敲，站姿一般为弓步或骑马蹲裆式。文法鼓表演时，缨子也得玩儿起来。钹仍有搂墩儿和坐步的动作，还有单腕子抖钹和双腕子抖钹的动作。铙表演时，有缠花的动作。坐敲时，小板凳放在半副銮驾中间的场地，等到飞钹、飞铙时，会员再站起来，这是一种动静结合的艺术。

法鼓来源于佛教音乐，既具有法门之音，同时又结合了民间的太平鼓，所以，也具有民间的特色。法门之音较庄严肃穆，民间之音较喜庆吉祥，所以，挂甲寺庆音法鼓也就集肃穆与吉庆之音于一体。《对联》和《绣球》喜庆吉祥；《桥头》《瘸腿》《老河西》比较悲壮肃穆，其音乐节奏感强烈，而且具有复合性。

庆音法鼓在不断创新之中，20世纪80年代，该会年轻会员创造了上播时行动走八方的表演，但是并没有传承下来。

第四章

器具与遗存

一、设摆器具

法鼓会的全套仪仗执事和乐器，按照中国民间传统的对称、平衡观念，设摆成一定的阵形。各法鼓会均以大鼓鼓箱为中心，五种乐器和仪仗道具，分列于东、南、西、北四方。鼓箱后大纛旗压阵，鼓箱前钹、铙、铛子、镲铬呈八字排开。庆音老会的设摆器具以半副銮驾为主，此外还有辅助器具如手旗、挑子灯等。鼓箱子前面，七星灯、九曲黄罗伞、金瓜钺斧朝天镫、轮螺伞盖花罐鱼长、蝠元扇磬茹艾方、日月龙凤扇、硬对、软对、高照、气死风灯、门旗等依次对称罗列，手旗和挑子灯分列周围。按行会时行进方向来看，门旗开路，大鼓处于殿后的位置；文场分列武场两翼，前呼后拥，庄严威武。

这些器具除半副銮驾是娘娘所赐外，其他均为后来配制的。

（1）门旗。门旗开路，共有两面，三角形布质，旗面长约2.5米，穿于4.5米高木杆之上，杆头有圆托，饰以红缨球、流苏等物件。旗面橘红底绿花牙，花牙边有两支绿飘带，旗面上有青平绒黑字"挂甲寺庆音法鼓銮驾老会"。

（2）气死风灯。与门旗并列，有两盏。气死风灯造型尤如硕大的南瓜，设计独特，据说无论刮多大风都不会灭。灯体骨架是竹制，外包白绢。下方有三支弧形支架，设摆的时候，支起来，像个三角架。不用的时

门旗

候，三个爪合起来，是一柄手把。气死风灯也叫"示灯"，古代官员出巡，最前面就是一对示灯，上面自报家门，宣告身份。庆音的示灯上写的是"庆音法鼓銮驾老会"。

（3）高照。为六面体，一套四个，原来是用犀牛角熬成的胶质制作的，现在用透明度比较高的纸糊在铁丝框架外面，灯笼状，顶部、底部和骨架交叉处均饰以云纹，正中三面绘有花鸟图案，另三面书红字，其中每面四个字，呈"田"字形排列，分别是"挂甲寺村"、"庆音法鼓"、"銮驾老会"。高照的木头杆头和灯托部位有镂刻图案。

（4）软对和硬对。用以诠释法鼓艺术的精神或者本会宗旨。软对为布制，橘红底黑边，上书繁体黑字"庆昇平播锵铿雅逢盛世，音清越兆遐迩声乐新民"，悬于金箔镶嵌的龙头红缨球插杆之上，上下两头配有金箔包裹的镂刻饰物。硬对是长方体，现在的样式是木质框架，每面分三格，镶嵌玻璃，上书红字，写明会名，其中一面书对联："庆贺中国胜利同欢乐；音祝世界和平万民安。"上下三面各装饰金箔包裹镂刻吉祥纹样，顶端是金箔镶嵌的龙头，鼻子喷吐一对红缨球。软对、硬对主体部分长1.55米，宽0.35米，背部的插杆便于出会时举着前行。

以上仪仗护卫和引导后边的銮驾：先后顺序是日月龙凤扇、方、艾、茹、磬、扇、元、蝠、长、鱼、罐、花、朝天镫、钺斧、金瓜、九曲黄罗伞、伞、盖、轮、螺、七星灯、大纛旗。

高照（一）

高照（二）

软对

庆昇平播鏗鏘雅逢盛世

音清越光遐邇聲樂新民

硬对

庆贺中国胜利同歡樂

音祝世界和平萬民安

（5）日月龙凤扇。两对，分阴阳。阳为日扇，阴为月扇，各有两把，设摆时先并列一对日扇，后是一对月扇。日扇和月扇外缘均为宽阔的镂空金箔吉祥纹样，点缀红缨球，玻璃面上彩绘龙和凤的图案，龙的上角云纹升腾，托起"日"字；凤的上角云纹升腾，托起"月"字。两扇外观最大的区别是，日扇顶端是平圆的弧形，月扇顶端凹陷明显。在装饰细节上，两扇也有诸多分别：扇顶和扇底突出的如意头，日扇的是金葫芦和葫芦叶图案，蔓带相连；月扇的则为蝙蝠纹样。扇边的装饰物，日扇有玉葫芦和金箔镶边玻璃芯（过去为牛角制的）葫芦，还有金箔梅花和蝙蝠，上嵌红、绿、蓝三色宝石；月扇有麒麟、蝙蝠等瑞兽图案，左右对称分布。两扇的彩绘，日扇以菊花为主，月扇多绘牡丹、玉兰。与前面的器具不同，日月龙凤扇正反两面是不对称的，背面是绢质的扣罩，彩绘花鸟，日扇仍是菊，月扇是牡丹和玉兰。扣罩可以取下来，放好灯彩再还原。

（6）方。一对，主体部分由两个立方体咬合组成，取中轴线上下、左右皆对称。边框平直宽阔，镶嵌金箔，内侧衬细密的金箔吉祥纹样，六角饰红缨球，玻璃面上绘有花卉图案。上端倒插一柄镂空雕花短剑，剑鞘连着一支灯托，拉出来之后可以插放蜡烛（现已改用电灯）。方的底端垂荡两对珍珠流苏。

（7）艾。一对，主体形如一片艾叶，造型写意。边框呈蜿蜒的波浪，内衬细致的金箔吉祥纹样，玻璃面绘饰花卉图案，四角缀红缨球。上端也插有短剑，安放灯托，底端装饰着珍珠流苏。

（8）茹。一对，主体似元宝形，取中轴线左右对称，由四组云字头如意组成，宽阔的云纹镶嵌着金箔，玻璃面上绘有花草。四角饰红缨球，下方缀珍珠流苏，顶端的短剑、灯托等物件与方、艾同。

日扇

月扇正面为龙凤图案

月扇背面为牡丹花鸟图案

方

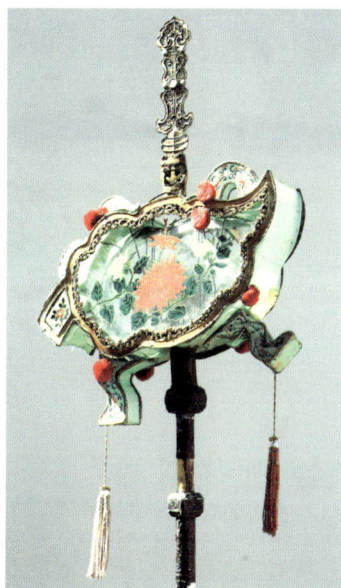

艾

（9）磬。一对，主体如一只横卧的钵，取中轴线上下对称。外缘较平直，金箔包裹，内侧环绕紧密的金箔吉祥纹样，玻璃面绘饰花卉，中部花心托出阴阳八卦图。六角缀红缨球，上端有短剑、灯托等装置，下端垂有珍珠流苏。

（10）扇。一对，主体形如芭蕉扇，取横向，上下对称，顶端凹陷。金箔边框，内衬吉祥纹样，玻璃面绘花草，扇的顶部和根部绘两组云纹。上方有短剑、灯托等设置，边角和下端饰有红缨球、珍珠流苏。

（11）元。一对，状如椭圆的葵花，取中轴线上下、左右皆对称。边框是金箔镶嵌的波浪纹样，内侧环绕细密的金箔吉祥纹样，玻璃面绘满花草。上下左右缀红缨球，顶端有短剑、灯托等装置，下端垂珍珠流苏。

（12）蝠。一对，主体恰似展翅欲飞的蝙蝠，取中轴线左右对称。边框也是两道金箔纹饰，玻璃面绘花草，中心为两枚外圆内方的老钱。外围有红缨球、珍珠流苏、短剑等饰物，也设置了灯托。

（13）长。一对，主体造型为盘长，取中轴线左右对称。两道金箔纹样环绕外围，玻璃面上绘有盘旋回环的盘长图案及花卉，主要饰物还有红缨球、短剑、珍珠流苏等，也安有灯托。

（14）鱼。一对，主体部分近似蝴蝶状，取中轴线左右对称，金箔纹样、红缨球、珍珠流苏、短剑等饰物与以上器物相同，也有灯托的设置。最为突出的是，玻璃面彩绘两条活灵活现的金鱼，左右呼应，双鱼口中吞吐一支舒卷环绕的盘长。

（15）罐。一对，造型与前迥然不同，为六面体宽口细颈带座瓶体，双耳是两组虬曲有力的龙纹，口中喷吐红缨球。边框金箔纹样非常繁复，多达数十组。大大小小的玻璃格上布满彩绘。罐顶冲天而立三支短戟，中为"十"字形，两侧为"卜"字形。罐底环绕数十根珍珠流苏。

茹

磬

扇

元

蝠

长

（16）花。一对，略呈团花形状，外围由大朵宽边金箔云纹和牡丹花叶组成，取中轴线左右对称。玻璃面上彩绘盛开的牡丹，繁华热闹。外围有红缨球、流苏、短剑等饰物，也安有灯托。

（17）朝天镫。一对，倒置的马镫形状，取中轴线左右对称，下方有嵌金的长柄与木杆相连。边框是复杂的金箔纹饰，玻璃面呈略微凸起的圆弧形，上有彩绘。朝天镫最为突出的是瑞兽的装饰：上端椭圆的圈口盘踞四条金龙，每面两条，昂扬奔腾；镫的底端是狮首的特写，乌亮的直目和歙张有力的鼻子，整头威武的雄狮呼之欲出。朝天镫有红缨球和流苏等饰物，但没有短剑，顶面平圆，更显粗壮有力，灯托隐于镫中。

（18）钺斧。一对，主体是月牙板斧，斧身盘踞金光闪闪的鱼龙变化吉祥图案，上为鱼，下为龙，龙睛是两颗乌亮的珠子。鱼、龙周身装饰圆形小镜片，意为鱼鳞和龙鳞。钺斧上方安有灯托，辅助饰物有红缨球、流苏、短剑，剑鞘的设计尤为独特，乃是雄武的狮子头。

（19）金瓜。一对，主体是一只横放的香瓜，顶部是花头的造型，尾部是两片赤金瓜叶，下方有长柄与木杆相连。金瓜通身是繁复的金箔纹饰，与朝天镫相似。瓜体被纹饰横向分割成六部分，每道金箔纹饰上缀一条金龙。纵向四道金箔纹饰将瓜体分成24格，每一格玻璃面上彩绘花草。金瓜有红缨球、流苏等饰物，但没有短剑，灯托隐于瓜中。

（20）九曲黄罗伞。一对，分两层帏幅，外短内长，外层黄缎上绣有龙凤以及云纹图案，下方缀满流苏。原来的黄罗伞撑伞的木棍不是直的，据说给皇上、娘娘打伞，不能并道而行，只能在后面打着伞，因而伞棍是弯曲的，伞盖探出去。过去的老伞伞骨用竹条，现在改成了钢丝。

（21）伞。一只，外观像一把没有撑开的斜置的伞。伞骨用钢丝制成，外套黄布，上面绘有花草等图案，并饰以红缨球。伞座也是钢丝骨架外套厚布，上绘红、蓝、绿、黄云纹，勾白边。下方有缀着珍珠流苏

鱼

罐

花

朝天镫

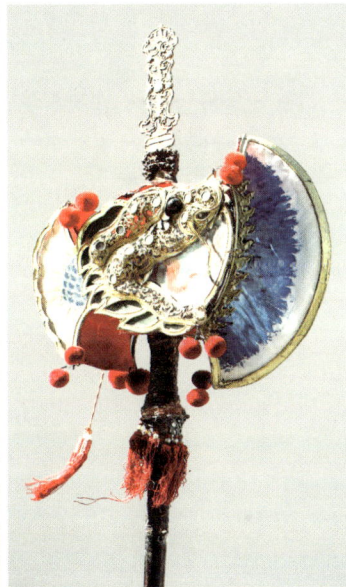

钺斧

金瓜

的铜制卡座，便于将伞安放在鼓箱子边框的铜柱上。伞可以从底座上取下来，安插灯烛。

（22）盖。一只，犹如亭盖，也是钢丝骨架罩布，上绘花草、云纹等吉祥纹样，飞檐的六角悬红缨球和流苏。底座与伞的底座造型、外观均相同，下方也有铜卡座，饰珍珠和流苏。盖的顶端是活动的装置，可以抽拉出来，安放灯烛。

（23）轮。一只，形如风火轮，中心绘有写意龙纹，圆点向外均匀放射八条线，每条线的末端环绕一组规则的云纹。轮的边缘是金箔圆环，外缘生发熊熊火焰，并饰以红缨球。轮的底座与伞、盖相同，下方亦有铜制卡座，缀珍珠和流苏。轮可以取下来，里面安插灯烛。

（24）螺。一只，形如海螺，十分逼真。钢丝骨架罩素色厚布，海螺的纹理清晰可辨。螺身饰红缨球，开口处安灯托，拉出来可以插灯烛。螺的底座与伞、盖、轮相同，下方也是铜卡座，缀珍珠和流苏。

（25）鼓箱子。鼓箱子是设摆的一个亮点，又名鼓架，呈正方体，近似宫灯形状。庆音老会如今传下来的鼓箱子几经修整，已有多处更新。箱子上端四角饰有轮、螺、伞、盖，打鼓佬右手是轮、螺、伞、盖依次按逆时针顺序排列。轮、螺、伞、盖通身点缀的红缨球较多，打起鼓来会不断震颤，颇有气势。鼓箱子上半部分是木质雕栏，下半部分用木质骨架的活扇围起来，四面绘有花卉，四角嵌有金箔包裹的镂雕图案，两侧配以手绘八仙人物。不同季节出会，将代表该季节的花卉图案朝向正前方。如，春牡丹、夏月季、秋菊花、冬腊梅。鼓箱子四脚是狮子脚爪，威武有力。

设摆时，武场的鼓、铙、钹、铛子、镲铬就在仪仗的中间，与九曲黄罗伞、金瓜斧钺朝天镫等器具相邻。顺序是左铙右钹，铛铛、镲铬在鼓的两边。左边是镲铬，右边是铛铛，鼓在中间。除了鼓，其他乐器必须成对。

九曲黄罗伞

伞

盖

轮

螺

鼓箱子局部

鼓箱子的四面绘的是一年四季不同的花卉

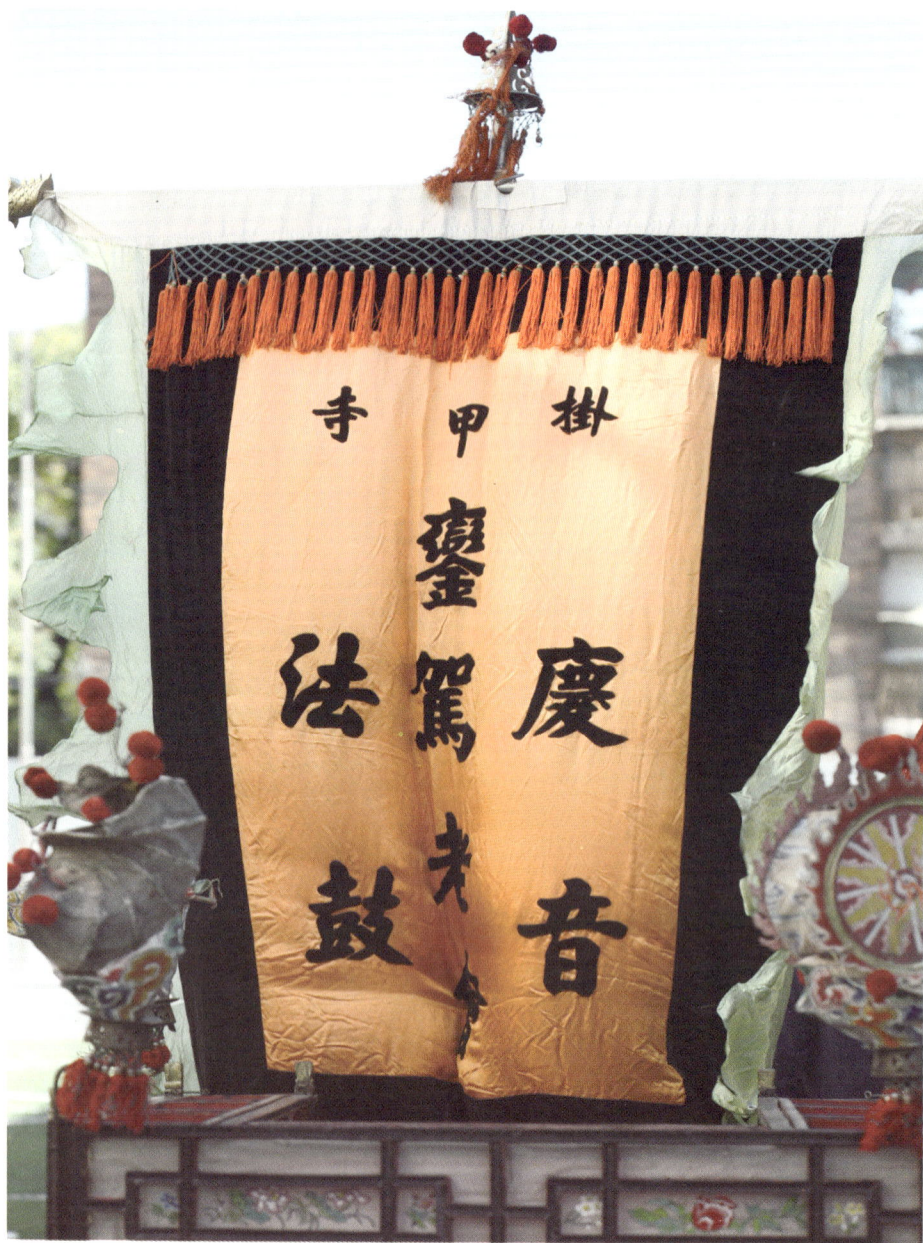

纛旗殿后，一般放在会的最后面

七星灯

用以插放半副銮驾的底座，需要对号插放

残破的角质灯罩

同治年间流传下来的老箱子

圆笼

（26）七星灯。一杆，由七盏灯上下错落穿于两横一竖木杆上，顶灯的灯把弯曲，形如鹤颈。每盏灯大小相同，呈圆柱形。原来的灯罩都是角质的，现在破损严重的用玻璃代替。下方有铜座，底下连着流苏。灯托用钢丝连接，可以从灯的上方拉出来，便于安放灯烛。灯身上分别书"庆音"、"法鼓"等红字。

（27）大纛旗。一面，俗称"大图"，是法鼓会中最大的一面旗子，庄严压阵。庆音老的会旗边儿都是真丝的，现在的是上世纪80年代复制的。旗面呈长方形，不算花牙子，长1.2米，宽1米，旗杆长4.5米，橘红底青平绒黑边，外镶绿花牙，上下缀两排流苏。橘红底上书繁体青平绒黑字会名，"挂甲寺"自成一行，横排；其他字成三列，竖排。大纛旗的横梁两端插着赤金龙头，口含长长的流苏。

（28）挑子灯。以前有108个挑子灯，意味着需由108个人挑着。夜晚行会时需加上挑子灯，分布于仪仗队伍的周围。

（29）手旗。过去有180面，旗面是四方形的，橘红色，一尺宽，一尺二长，上写"河西庆音法鼓"，或者"銮驾老会"字样。设摆的时候，小手旗插在旗架子上，现在，旗架子都不用了。手旗与挑子灯间杂分布在仪仗队伍的周围。

（30）圆笼。庆音的老圆笼还有一对，柳木制作，盛装钹、铙、铛子、镲铬、高照等器物，行会时挑着。还有一对小圆笼，专盛挑子灯的。圆笼分笼身和笼盖两部分，笼身上写着会名。每个圆笼配置一副十字交叉四脚木架，当底座。

（31）箱子。庆音最老的箱子是同治年间传下来的。老会所有的器物均可拆御，分门别类装入箱子。出会时，再重新组装。

与别会不同，庆音没有茶炊子等器物，因为有了半副銮驾，已经极为贵重，没有必要再置办茶炊子这些器物。

老会器具的所有零部件都要编号，因为就连插銮驾的每个杆粗细都不一样，搭配在一起成为一组，不配套就安不上。所以，器具的存放须井井有条，按号识别。

行会的时候，器物顺序与设摆相同，由人打着，每人一件。据传，当年娘娘赐下銮驾的时候，杆上都有黄套，不能露着，打銮驾的人还要身穿黄马褂。

庆音老会在天津各花会中，独有半副銮驾，因而器物更具文物价值。但是，经过数百年历史风雨的洗礼，这些金碧辉煌的仪仗已经失去往昔的光彩，很多部件残缺，材质无处找寻，一些制作工艺也已失传，虽然多次修补仍难以挽回破败的趋势。一些器物已经发生很大的变化。比如，半副銮驾的大部分器具和高照、七星灯、挑子灯等的外罩，原来全部用犀牛角熬制的半透明角质制作，现在由于原料无处可寻，基本改成玻璃的，只有少数残存的角质灯。原来的灯彩全部用蜡烛，灯芯子里有钉子，专门用来插蜡。1984年重新恢复老会以后，根据器具的实际情况，怕烧坏灯罩，灯芯子都拔掉了，改成灯口，安放电灯泡。1986年，庆音老会在云广新里设摆过一次，亮的是全灯彩。如今行会，乘车而出，不再是肩挑人扛。所以，没必要使用气死风灯了。只有坐会的时候，才支搭起来。

二、表演器具

庆音法鼓銮驾老会的表演器具主要是鼓、钹、铙、铛子和镲铬五种响器，合起来叫"五音"。钹、铙有动作，其他没有动作。五种响器配合在一起，行会时伴以常行点，表演时选择曲牌，逐套进行，精彩迭出。高潮是上擂，激越的调子与表演动作相配合，犹如狂想曲般震天动地。

1. 鼓

又称大鼓、堂鼓。鼓是老会的灵魂，专人专用，只有打鼓佬可以敲鼓。鼓的外缘是木框，上下两面蒙皮。演奏时安放在鼓箱中，用双木槌敲击。鼓面直径通常一米多，从鼓心到鼓边发出的声音高低不同，鼓心的声音比较低沉，称"阴点"或"重点"；鼓边的声音比较高，称"阳点"或"轻点"。

庆音过去最老的鼓是用江猪皮做的，从上海购得。这面老鼓不怕潮，下雨天出会，别的鼓都不敲了，庆音的鼓还是非常响亮，雨点在鼓上飞溅。若是出了太阳，还得拿水擦鼓皮，否则声音干巴巴的，不那么响。

鼓

庆音老会的会员们不愿意提老鼓的历史。据一位老会员说，他听老人们讲，民国时期，鼓叫同行给捅漏了。会里禁止说这件事，怕影响会与会之间的关系，直到今天，也讳言这段历史。鼓坏了之后，拿大漆修补，又玩了二十多年。期间经常爆开，最后只好把整个鼓皮揭下去，换上了水牛皮，外面刷大漆。平常放鼓的时候，上面盖着蒲团。现在的鼓还是用原来

鼓楗子

的鼓架子，鼓箱子上的轮、螺、伞、盖虽有些部件是复制的，但也很有些年头，并且是各会中独有的。

彭芯里有鼓胆，盘着铁丝，下头扣着铁碗，类似老式挂钟打点的原理，敲击之后可以放大声音，回响不绝。

击鼓的木棒叫鼓楗子，通常用红檀或紫檀木制作，长约一尺二三，顶端形如枣核。鼓楗子木质比较沉，敲起鼓来声音响亮。

2. 钹

钹必须成对。过去的钹比现在的略大，是青铜的，如今都是黄铜的。青铜发出来的声音脆，好听，有铜韵；黄铜发出的声音干巴巴的，没有余音。法鼓的其他四种打击乐听鼓指挥，但是表演曲目时，听钹的。头钹开始耍的时候，得亮开，声音传得远，所以首先得响，而且不震耳。现在的钹声音震耳，却并不响亮。

做钹有模子，然后再用人工凿。里头的印儿是人工凿的，需要配音，音得靠凿出来。一对钹音得一样，单独拿出来敲，得是一样的音。选购钹的时候，就是拿起来敲，这个钹和那个钹声音一样，便可以凑成对，编上号，音最好的是一号。

各法鼓会的钹都一样，只是大小有点区别。因为每套钹的大小、薄

厚、重量都不一样，成对儿的敲出来比较好听。刚买来的钹外表很粗糙，为了好看，便把外面涂一层亮漆。

老钹和现在的钹重量差不多，当年去东马路买，现在卖这个的很少了，庆音法鼓目前使用的钹是从北京捎过来的，老钹只存下来一副，是五号钹。

钹缨子是黄棉布做的，自己配。也有用绸子的，太光滑，容易伤手。钹缨子一般长五尺左右，把长方形一块黄布大致从对角的地方撕开，中间裹着小姆指粗细的麻绳辫，再用线缝合，然后以最小的角穿过钹中间隆起部的小孔。钹缨子容易脏，需要经常换，有时候"五一"劳动节出完会，"十一"国庆节的时候就得换缨子。

钹

铙

钹的寿命看使用的情况而定。钹最忌讳闷，一般来说，不闷不摔，保护好了，可以用上十年八年。

3. 铙

现在的铙比过去的小，也由青铜改成

了黄铜，成色变了。通常铙的直径有30—35厘米，也要成对演奏。铙发出的声音比较浑厚，低于钹。

庆音法鼓老会的老钹、老铙，都让兄弟会给弄走了，这是新中国成立以后的事儿。1984年恢复出会以后，重新置办了响器。

铙中间突出的圆扣叫"铙脐"，中心有孔，穿着皮绳即皮扣，表演时套在手指上。铙脐与铙中间插有一圆形铁片，买回来之后需要焊死。

4. 铛子

铛子是法鼓会五音之一，寺庙念佛的时候也使用，是一面直径约15厘米的小锣。庆音法鼓老会的铛子基本按照娘娘所赐半副銮驾中的图案制作。佛八宝铛子现存一对，木质铛子架上雕刻着轮、螺、伞、盖、花、罐、鱼、长等图案，涂以金粉，辉煌绚丽。九狮图铛子现在也仅存留一对，木质架上雕刻九只精美的狮子，神态各异，其中一只怀抱幼狮，妙趣横生。九狮图寓意吉祥，具有特别的民俗含义。此外，庆音老会还有四把铛子，木架一横一竖，一端雕有昂起的龙头，呈十字交叉的另一端雕有狮子头，此外没有过多的装饰。平常出会这四把铛子用得较多，因为佛八宝和九狮图铛子比较重。铛子架又叫铛铛拐，做这个活计的人叫扎纸匠。所用的木头材质很好，多年过去没有出现一点裂纹。

铛子

铛子架自己制作，铛子到乐器商店购买现成的，都是黄铜制成。选购铛子的时候，精挑细选，要声音响亮的。然后钻几个眼儿，挂到架子的铁钩上。

敲铛子需要铛楗子，这件器具非常讲究。楗子把用藤子制作，弹性非常大，不刷漆。用的时候只靠拇指、食指捏着，其他指头扶着。藤子头绑的是圆形方孔老钱，铜做的，铜跟铜敲击，音质好，换成铁的不行。庆音老会的铛楗子都是老会员李相义存下来的，他的爷爷当年开小铺，有一瓶子老钱。后来逐渐花掉了，剩下的为数不多，有康熙的、嘉庆的、道光的、同治的……全的时候清朝有多少代皇帝，老钱就有多少种，背面写着满文。明代的老钱也有过一枚，上写"崇祯通宝"。

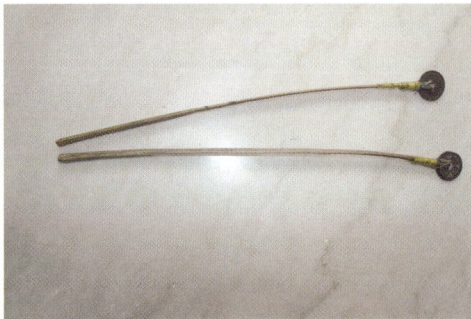

铛楗子

制作铛楗子的老钱

铛楗子日子久了就敲平了，得换新的。要是总玩儿会的，用不了半年便坏了。目前有的法鼓会铛楗子已经不是圆形方孔钱了，改用铜片。

5. 镲铬

镲铬的主要作用是为了配合点。其形状犹如缩小的钹，很像草帽，直径约15—20厘米。每副也是两片，声音脆且亮。中间隆起部位有孔，将绸布穿过，表演时缠绕在手上。会上还有200多年前的两副镲铬，由青铜制作，声音和现在的明显不同，非常脆，传得远。

镲铬

三、器具的功能和象征意义

法鼓艺术深受佛教文化浸润，又具有民间文化特色，庆音老会的半副銮驾又源于皇家，因而其器具蕴含着多元且丰富的文化意义。

半副銮驾中便有与佛教文化紧密相关的符号——佛八宝：轮，本为车轮，佛家将经中"大法圆转，万事不息"之说附会其上，寓意永不停息，也有周全、圆满的意思；螺，海螺是古印度的吹奏乐器，能传"妙音"，而佛经上又有"具菩萨意，妙音吉祥"一说，称螺为"法螺"；伞，圆径大而锦幅长，可以蔽风雨，遮烈日，而佛经中有"偏复三千，净一切业"之说，附会到伞上，又称为"锦伞"，从而生发象征意义；盖，即宝幢，有荫蔽、遮盖的意思。按照庆音老会会员的说法，有了这几样，吃住等问题都解决了。这四宝被分别安置在鼓架子四角的鼓球上，起装饰作用。花、罐、鱼、长四宝列在仪仗执事当中，花在佛八宝中指洁净的莲花；罐即宝罐，形圆而腹大，佛经上有"福筒圆满，具定无漏"之说；鱼即金鱼或双鱼，象征自由和超越，代表富裕和祥和，鱼行水中，畅通无碍，可透视混浊的泥水，故金鱼有慧眼之意，佛教以其喻示超越世间、自由豁达得解脱的修行者，以雌雄一对金鱼象征解脱的境地，又象征着复苏、永生、再生等意；长即盘长或吉祥结，佛教认为其代表佛无尽的教法，能够回环贯彻、求无障碍，吉祥结又称吉祥网，如网状，故还象征着若依佛法能从生存的海洋中捞起智慧珍珠和觉悟珍宝。对于这四宝，庆音老会会员们也有自己的解释，他们认为：花，指牡丹花，寓意富贵吉祥；罐，过去是老菩萨的净瓶，上头插三件戟，叫"平（平与瓶谐音）升三级"；鱼，代表大丰收，连年有余，生活富裕；长，万年长久的意思。这些解释无疑都具有民间文化利用谐音来表达吉祥祈福的象征意义。

金瓜、钺斧、朝天镫，古代既是兵器，也是刑具。据说从秦朝开始，便有这三件东西。金瓜是砸顶用的，若要保脑袋，则用钺斧腰斩，朝天镫是反过来的马镫，作为刑具专用于砸足，致人残废。这三样器具通过华丽的装饰，功能由实用转向审美，在浩荡的行会队伍中，金碧辉煌，气象万千，同时具有警示作用。

蝠、元、扇、磬虽为皇家所赐，但也蕴含着丰富的民间文化。蝠，指蝙蝠，取谐音"福"，代表福气；元，代表天，因为天是圆的，然而其造型并不苛求圆润，仅神似而已；扇，寓意风调雨顺；磬，不是敲的磬，是摇的手磬，和铃铛非常相似，有警醒人的意思，还有一说取谐音"庆"，即吉庆的意思。

茹，取谐音"如"，寓意万事如意；艾，指艾叶，端午节插的辟邪植物；方，代表地，与元呼应，即"天圆地方"，方由两个四方形组成（即方胜），八个角代表八方，合在一起是"四面八方"的意思。

日月龙凤扇充分表达了中国传统文化中阴阳相合的哲理。龙主阳，凤属阴；日是阳，月为阴。每柄扇有阴阳之别，日扇和月扇成对相向而行；同一柄扇子则同时绘有龙凤和日月图案，阴阳合一之意表达得淋漓尽致。

庆音老会的设摆器具皆为精美的艺术品，其中的彩绘艺术更是起到了写意传神的审美效果。所采用的题材多是花卉，常用的有牡丹、莲花、梅花、玉兰、菊花、四季花等，均是在中国民间具有吉祥寓意的植物，象征富贵、洁净、吉祥、喜庆、长春、长寿、四时如春等意。在器具制作过程中，还大量运用了动物祥瑞符号，通过刺绣、雕刻等工艺展现出来。如龙、凤、狮、蝙蝠、麒麟、鱼等，比喻吉祥、富贵、福气、辟邪祈福、富裕、富有等意。不同的植物、动物或者符号相组合，使吉祥文化的表达更为丰满，如八吉祥（见设摆器具、铛子架）、八卦图

（见磬）、鱼龙变化（见钺斧）、龙凤呈祥（见九曲黄罗伞、日月龙凤扇）、日月升腾（见日月龙凤扇）、葫芦万代（见日月龙凤扇）、八仙庆寿（见鼓箱子）、九狮图（见铛子架）等。而这些图案在其他法鼓的器具上也比比皆是，成为民间一种广泛认同的符号。色彩也是常用的艺术表现手法，老会的器具多用红、黄、蓝、黑、白、绿、浅绿（会员们称"靠色儿"）等几种颜色，既对比鲜明强烈、明快热烈，又过渡自然、典雅和谐，形成了庄重、沉稳、生动、雅致相统一的美感。

第五章

传承现状

　　非物质文化遗产国家名录将民间遗产经典化、精英化、政府化、官方化、公共化、遗产化。许多非物质文化遗产相继被列入国家级名录后，已经进入了后非遗时间和空间中，非物质文化遗产入选名录的产生程序与机制是"一种公共文化的产生机制"，"（地方上的）个人活动就完成了向（国家）公共文化的转变，其中卷入了多种身份的当事人或利益相关者，表现为申报者、传承者、评判者（学术和政治的权威）和被代表者（中国、中国人）的复杂关系"[1]后"非遗"时代，非物质文化遗产应该传承什么、怎样传承、有何传承危机、如何保护，都是有待思考的问题。在全球化及区域一体化的时代背景下，在城市化进程的历史大潮中，非物质文化遗产所表征的观念体系和生活方式更是"文化中国"之于世界的一种民族国家认同。天津市河西区挂甲寺庆音法鼓銮驾老会2008年列入国家级非物质文化遗产名录，意味着这一法鼓老会不再只是地域文化，同时也是一种公共文化，具有历史性、文化性、经典性和遗产性。然而非遗后的庆音法鼓老会传承现状却十分堪忧，不仅在城市拆迁中因为传统社区的解体而会员分散、无法聚集，而且面临会所缺乏、资金缺乏、表演形式变迁等诸多难题。庆音法鼓会员一方面救会心切，另一方面救会无路，他们希望既然已经被评定为国家级非物质文化遗产，其传承就应该得到更好的保护。"非遗"后时代，政府、专家和传

　　1.高丙中：《作为公共文化的非物质文化遗产》，《文化研究》，2008年第2期，第78—79页。

承群体、民众都不能让这一文化遗产的原真性、整体性和生态性遭遇破坏，应群策群力保护好文化遗产。

一、传统社区的解体

天津法鼓多为以地域为标志的民间组织，也是传统社区维系情感认同的一个纽带。庆音法鼓出会所需的服装、道具都由会里承担，会员也多是本地域本社区的人，这种以地域为纽带组织而成的花会，地域认同性极强，传承至今已几百年，是一种朝夕相处、守望相助的生活模式和生活逻辑。但急速的社会转型，城市的改造与拆迁打破了这一平衡。1994年挂甲寺村也开始了拆迁。许多挂甲寺居民搬走，还迁（即住在拆迁后在原地重新盖的房子）的人特别少，这样，挂甲寺老会会员严重流散。目前，老会会员分散居住在天津市各地，由于都是从挂甲寺搬出来的人，原来的地域认同还在，但是一旦这些挂甲寺的老人相继去世，这种地域认同、精神传承的消逝将导致严重的非物质文化遗产传承危机。

挂甲寺村拆迁前有范家大街、孙家胡同、傅家胡同，随着城市拆迁，这些胡同也随之消失，地缘关系、族群关系也随之消失，继续维系庆音法鼓的纽带依靠什么，很值得忧虑。现代的城市居民居住环境、生活习惯等随着时代的变化已经急剧变迁，改变了以往出入相招、守望相助的传统居住民俗模式，势必带来同一居住区域的人们的凝聚力减弱。

作为一个民间花会组织，庆音法鼓老会没有严格的组织结构。会头也是自然而然地当选的，并没有严格的选举仪式，以前多由村里有威望的老人选定，会里的大事小情由会头和几位副会头决定。让傅宝安印象最深的会头是杨连芳，他以会为家，一生都交给会上。会员都叫他"杨帮子"——半拉手指头的杨指导。

　　会员入会也比较松散，会员多是出于乡情地域相同和兴趣入会。这种业余花会，只能利用业余时间进行表演，如果出会和工作时间发生冲突，只好不出会，现在的会规没有严格的约束力，能够有时间出会已经颇为难得。过去出会，只要会章一盖，哪个单位都给假。现在哪个单位都不可能给假。所以，年轻的有工作的会员出会和练习的时间就不能保证。目前传统社区已经因为城市拆迁而解体，对一种地缘性的民间花会组织而言，这是对其生态性和整体性保护与传承的一种破坏。如何在生存空间发生变迁的情况下，继续传承庆音法鼓老会，当地政府作为非物质文化遗产的第一保护人，需要迅速出台相关保护措施。

二、会所的缺失及物质性器具的损毁

庆音法鼓最早的会所一直是全村的公产，供盛放会所器具和平日演练之用，也是会员聚会的一个场所。过去庆音法鼓排练都是在晚上，工人下班，学生放学，吃完晚饭七点多钟就自觉去会所练习。有时候一听见哨鼓，会员就赶快去会所练习。现在的临时会址在中环线，属于交通要道，凡是练习演出都要向有关部门申请，否则会影响交通。另外，会址周围都是居民，居民大多不是原来老挂甲寺居民，所以对法鼓一般不熟悉，响器一动，就会扰民。所以，现在会里一般很少练习，尤其是没有出会的情况下，一般不练习。即便出会，也不会提前练习。练习时，有多少人就多少人练。练习时间少，技术不够精练纯熟，便很难保证动作的整齐划一，而法鼓在表演时最强调动作的整齐性以及音乐的整齐性，一个音儿也不能错。

挂甲寺地区拆迁时，1994年挂甲寺街道与开发商签定的《拆迁补房协议》规定：三间平房一个小院，每间平房不能小于十三平米，不出挂甲寺地区。这个协议他们签完之后让会员们看过，上边有20多个会员签名，但是开发商并没有执行协议。

后来，街里给了一间在一楼的房子，但地势低洼，一下雨就往里灌水，搁那儿的东西，四个高照，八十多个角质灯，完全摊成泥。当时的老会员冯运通，"啪"一下就跪下，哭着说："哎哟，我的祖宗，我的业大了！"他跪完了以后，孙秉德和会头杨连芳，都跪倒在地。后来，几经奔走，才给了会里一间在七楼的小房子，根本无法在此练习。所以，会里一直到现在，也没有正式的会址。会里的东西原本在一楼，已经受潮，搬到7楼一吹风，整个高照就全毁了，会里的老人一看到被糟蹋的半副銮驾，再次"噗通"跪倒在地，冲着銮驾磕头，痛哭不已。半副銮驾之所以延续四百年，是因为老百姓的崇拜和爱惜，费尽心血保护銮驾。"文革"时半副銮驾躲过一劫，目前为全国不多的半副銮驾之一。可是现在却被糟蹋至此，会里老人每提及此，都要伤心落泪。

天后宫1985年重新开馆的时候，庆音法鼓銮驾在那里设摆18天。那时会里东西还很像样，修复銮驾要靠嘎巴作的手艺人，当时天津市著名的嘎巴作艺人是肖国祥，他就说庆音法鼓的是真玩艺儿，半副銮驾里面都是赤金。现在，很多会都想来复制这半副銮驾，复制不了，工艺复杂，而且传统工艺有一些消失了。庆音法鼓每次修，都极为简单，甚至是一种破坏，哪儿坏了给粘粘，活动的地方给插个销子，绑绑。粘的胶裸露在外面，既不美观，而且对于銮驾的材质也是一种侵蚀。目前，急需专业人

庆音法鼓现在没有会所，其器具一部分暂时存放在河西区特教中心的一间房屋内

庆音法鼓的另一部分器具存放在挂甲寺街道办旁边的一间房屋内

士对这半副銮驾进行修复，并复制一套一模一样的半副銮驾用来表演。

　　非物质文化遗产保护不仅要注重非物质文化的活态保护，而且也要注重对物质性的文物的静态保护，这样的保护才是整体性的，如果物质性的器具不再存在，活态传承靠什么接续？物质性和非物质性不是截然二分的，而是紧密地结合在一起的。庆音法鼓的半副銮驾因其独特的历史性、工艺性和文化性已经具有了物质遗产的价值，而对于此，却没有很好的保护措施，如果物质遗产消失，那么该会的非物质文化遗产价值必将大为减损。

三、会员结构的变化

传统上，挂甲寺庆音法鼓会员的组成基本为老挂甲寺本地居民，传承模式是师傅传徒弟，代代不绝，有的是整个大家族都敲法鼓。现在虽然已经拆迁，但是会员仍然是从这里搬走的人，还有挂甲寺的地缘认同在。目前该会在入会资格上已经没有地域的限制，但是很少有挂甲寺之外的人入会。

挂甲寺庆音法鼓传承至今已是第七代。会里的会员都是男性，在年龄梯队上，据会长傅宝安介绍：现在出会一般情况也得二三十个人。最令人担忧的就是后继无人。原来会里有七八个年轻人，一拆迁就不再玩儿会。现在主要的会员都是年龄在60岁以上的老人，有几位老人已经80多岁。

现在第五代的会员已经相继去世。第六代的人，年龄都在七八十岁以上，有李相义（83岁）、傅同林（87岁）、傅同利（86岁）、熊宝路（83岁）、宋淑英（80岁）、傅宝堂（78岁）、陶起贵（77岁）等。

第七代的人，五六十岁的有十来个，李玉奎（69岁）、张新甫（65岁）、刘永德（65岁）、王国斌（64岁）、李克（64岁）、孙宝昌（63岁）、于富泉（63岁）、傅宝安（61岁）、李凤年（60岁）、侯永来（60岁）、陶俊海（53岁）、马俊龙（50岁）。会员老龄化严重，每次都是已经退休在家的老会员出会，既有第八代的人，也有三四十岁和二三十岁的会员，像范明（41岁）已经成为会里的骨干力量，动作优美舒展。

2011年伊始，庆音法鼓重新恢复花棍表演，表演者都是女性，已经退休在家，这些女会员是合唱队的，所以音乐感很好。她们从2011年底开始学习法鼓，每周一晚上在河西区文化馆练习，成为法鼓会里的女会员，壮大了庆音法鼓的力量。

会员熊宝禄，打钹者，83岁

会头傅宝安，打鼓者，61岁

会员李相义，打钹者，83岁

庆音法鼓会员合影

　　庆音法鼓现在的会员构成还有一个变化，会里信佛者居多，大部分会员都是居士。出挂甲寺庙会时，把半副銮驾摆好，穿上表演的衣裳以后，会员先表演一番，然后进庙上香，给佛祖和观世音菩萨顶三个礼。也有不信佛不烧香的，可以不进庙上香，都随意，并不强求。一般上香的时间为十分钟或一刻钟。上香时，个人自做祈祷，从庙里出来后继续表演。农历二月十九是观音菩萨的生日，佛门弟子一般都会礼佛上香。会员宗教信仰的变化使该会的风格发生了一定的变化，凡事讲究严格要求自己，遵守会里的规定，面对老会的濒危现状痛心疾首，但是又无可奈何。

　　目前该会急需后备力量。早年的法鼓会会员都普遍年轻，敲五音的年龄层次分明，小孩儿打镲铬，年轻力壮的人打钹、铙，但是现在这种情况已经发生很大的改变。目前该会学习法鼓的小孩子基本没有，会员自己的孩子也多不接触法鼓。法鼓已经不再是日常生活的一部分，也不再是和社区认同、族缘、地缘关系密切相关的花会组织。现在，平常出

庆音法鼓的会员资料

会或者训练，不敢说某个会员的动作不好，因为现在把会员请来出会都很困难，批评一句也许下次就不来了。现在严格的训练没有了，动作的整齐优美协调显得困难。现在只能先教会员练皮毛，但是"皮之不存，毛将焉附"，如果会所没有、会员缺失，那么这个会还将如何存在？

庆音法鼓老会充满了怀旧气息，作为物质性和非物质性兼具的文化容器，承载着丰富的历史价值和遗产价值。传承人是非物质文化遗产传承的根本，如果人没有了，那就意味着从活态传承进入了静态历史。如果庆音法鼓无法继续传承下去，那么它就会像其他已经成为静态历史的法鼓会一样，不再是非物质文化遗产。

作为一种民间花会，庆音法鼓具有集体传承的特点，即其五音不能单独表演，必须齐奏。鼓可以只有一个打鼓佬，但是镲铬、铛子、钹、铙最少需四人演奏，单独无法演奏。这就对于会员的数量与规模有一定的要求，人少了，无法传承和演练。

该会被评定为国家级非物质文化遗产后，得到了政府一定的支持，但是仍然处于濒危的状态，不仅资金、会址难解决，最难解决的问题仍是会员的缺乏，备受传承无人的困扰。非物质文化遗产保护的核心是传承人，如果活态传承的主体传承人不再存在，那么非物质文化遗产的保护就失去了实际意义。

四、表演形式的变迁

该会以前出会多是以民间庙会为主，并且多为自愿出会，是自然而然形成的出会传统，具有地缘性、民间性、宗教性，如经常参加挂甲寺庙、蜂窝庙、药王庙的庙会，也参加过天后宫皇会。解放后出会，多是受官方的邀请出会，已经少了民间的性质，如天津的月季花节、"五一"、"十一"等节日，重大庆典如"天津建卫六百年"等都会邀请该会出会。改革开放以后，有开业之商家，也会邀请庆音法鼓去表演以示庆贺，这是商业出会。以前的踩街，主要是在老庄子的街上行会表演，以示吉庆；现在踩街则主要是商业行会。过去，农历正月十五元宵节就在本庄子出会，村里人自己热闹，自娱自乐，是庆音法鼓的一个传统。现在拆迁以后，已经没有在本庄子表演的条件。但是在挂甲禅寺重新修建以后，每年的挂甲寺庙会，该会还会在庙前设摆表演，传承了老的表演仪式和传统。现在既有政府邀请的出会，也有自发的继承传统的出会，同时也有商业出会，是一种集官方出会、民间出会、商业出会于一体的出会形式。无论何种出会，只有出会规模大小的差别，表演形式大体相同。

以前庆音法鼓是传统方式出会，为主动出会，没有人邀请，所以并没有资金收入，出会的费用，多是来自于村里有钱人以及村民的捐赠。即便受邀请出会，亦没有资金收入。有时会有截会之人给一部分钱。现在出会，一般是承受邀请，无论是政府邀请还是商业邀请，对方都会给一定的资金酬劳，出会增加了一些商业因素。但是截会之人已经少有，懂得截会的大商户也不多见，这种民间商户和花会之间的互动已经弱化。传统民间出会形式的减少使与出会相关的各种民俗、仪式、程序也逐渐消失，无法传承。

庆音法鼓以前出会，需要提前搭大棚，表演时间较长，一到两天不等，而且会在晚上出灯彩。一敲，就是六套隔一套，一般需要三个多小时。现在出会，邀请方一般只给10分钟的表演时间，只能敲一到两套曲牌再加上上撞。所以，现在会里的六套曲牌，只有常敲的曲牌才会比较熟练。庆音法鼓以前夜间出会，半副銮驾都会插蜡，现在半副銮驾已经损坏严重，所以，灯彩已经很少表演。

由于邀请方给的出会时间短，加上会里的会员已经大大减少，所以庆音法鼓表演规模较之以前已经大为缩减，表演形式也随之发生变化。以前出会必定是六副甚至八副钹铙，而且要换两番到六番轮番表演，表演时间很长，最长可达一小时左右。以前如果出全整个前场，得有一二百人打前场的执事，半副銮驾还要成对儿出会。而现在出会，武场只出两副钹、铙或四副钹、铙，而且只表演一番，这样，在表演气势上就大为减弱。半副銮驾因为损坏严重，因此每次出会都无法出全，只能出有代表性的几件，如金瓜、钺斧、朝天镫、日月龙凤扇、元和方等，而且很少成对出会。现在出会，銮驾被放在小推车上行会，而不是像之前必须被人打着行会。如果说过去出会气势大、规模大、讲究大，那么现在出会则是气势小、规模小、讲究小。

庆音法鼓的曲牌现在只保留了六套，而且也没有了坐敲的表演形式，以前会里坐敲时，需要有专人负责拿小板凳，让武场会员坐在凳子上敲法鼓，坐敲可以敲一些时间较长的曲套，比如六套隔一套等。随着社会和城市的变迁与转型，庆音法鼓的表演形式在减少，表现形式在发生变化，表演规模在减小，这对于非物质文化遗产的传承来说无疑是一种灾难。目前，会员都为该会的濒危状况感到担忧，已经初步具备了文化自觉的意识，但是迫于现实的窘境，也没有更好的传承与保护该会表演传统与仪式的方法。

五、经济条件的困扰

  每一个花会的存在都需要经济来源，没有钱，就无法出会。但是早期的庆音法鼓，不存在资金缺乏的困扰。解放前出会，由村长敛买卖家的钱作为资金出会，村里人也会主动出钱资助出会，现在已经没有这种资金来源。会员过去都是农民，卖菜卖得价好，就给会上买一副钹、铙。有时候俩仨人凑着买，买完了给村长搁会上，这些都出自会员的自愿。老会会员不交会费，一直到1984年该会再度复兴之后，曾经一度不定时地交会费，有时候一个月交3毛钱。现在则不交会费，因为能让会员准时出会已经很难得。会里开销没钱时，就由会头傅宝安垫付，其他会员也都自己垫过钱。挂甲寺流传着"挂甲寺的会活受罪，当了棉被去出会"，"没钱也要参加会，各种服装要齐备，出会花钱靠自费"的说法，但无论怎样艰难，都会出会。

  目前老会的资金很紧张，不仅半副銮驾的修复急需资金，而且每次出会都需要钱，资金一部分来自政府的支持，而绝大部分靠每次出会的邀请方给的费用，每次出会给2000块钱左右。庆音法鼓参加2011年的妈祖诞辰祭典仪式，天后宫管理委员会给了3000块钱，这部分钱仅用来支付出会所用的车费和饭费，就已经所剩无几。每次出会的收入只能够维持一次出会的开支。

  国家每年都会给非物质文化遗产代表性传承人一定的资助。该会在2008年被评定为国家级非物质文化遗产以后，国家给的钱，一直放在挂甲寺街道（2013年起，由河西区文化局主管），该会平常修补、出会所用支出，需要拿发票去挂甲寺街道报销。半副銮驾过去需要由专门的人修，在天津城东门里，有个姓李的经营"赫赫堂"，专门修老东西。但后来这个店的老人去世，手艺没有传给后代。所以，现在会员只能自己修理半副銮驾，但修补的痕迹很明显，非常粗糙，与其说是修补，不如说是对半副銮驾的二度伤害。半副銮驾最害怕雨淋，一受雨淋，就容易腐朽，它们已经经历了几百年的风雨，现在需要好好保护。如果能够复制一套新的銮驾，用来出会，把这套半副銮驾好好修复保存，才是一种最好的保护方式。

民间花会的资金缺乏是一个很普遍的问题。随着出会费用的日渐增加，花会的日常开销和维修的资金是一个很大的缺口，这使得庆音法鼓传承困难。东西坏了，无钱修复，出会的费用每次都捉襟见肘，而政府的支持力度有限，资金从何而来仍是一个迫在眉睫的问题。

1986年，编纂《中国民间音乐集成》的学者孙广海等4人在该会住了18天进行田野调查，这是该会最鼎盛的时期，契合了民俗复兴的大潮，李相义等大部分主力都在会里，给该会留下了宝贵的口述和影像资料。

法鼓作为一种有历史性的、天津所独有的表演技艺，承载了丰富的民俗文化内涵，是文化考古的一种佐证。挂甲寺庆音法鼓的传承机制具有师传家传相结合、群体性传承、地域性传承、技艺传承、精神传承、非商业化传承、文化传承的特点，民间花会的传承机制具有多元性、集体性和表演性。这种表演机制使得人员一旦缺乏，传承就极为困难。民间花会生产机制中不可或缺的地理空间和人文空间一旦缺失，传承也现重重危机。在天津法鼓的保护中，应以其传承机制和特点为核心，促进有利于传承的各种生产机制生成。

六、天津法鼓现状

鼓乐类的法鼓，作为最具天津本土特色的民间音乐和舞蹈表演项目，在传统的天津皇会中是数量较多的一个会种，但是因为这个会种对技艺和道具的要求比较高，所以传承下来的也不多。目前，河西区挂甲寺庆音法鼓銮驾老会、河西区杨家庄永音法鼓老会、北辰区刘园祥音法鼓老会在2008年被评定为国家级非物质文化遗产。

在我们的田野考察中，发现更多的法鼓会目前处于一种活态传承濒危的窘境，没有会所，会员多为七八十岁的老者，已经十多年不出会，平常也较少聚会，处于一种半散的状态，亟待保护和拯救。如果政府支持，还有复兴的希望，如果政府不扶持，任其濒危，那么这些非物质文化遗产项目将渐渐变为历史的遗迹，只能存在人们的记忆中。

1. 红桥区同心法鼓老会

红桥区永丰屯南头窑同心法鼓会成立至今已有三百年历史，其前身为南头窑太平法鼓，后因当地的居民有不同的看法，经过居民同心协商，一致同意将南头窑太平法鼓改为同心法鼓，全称为"永丰屯南头窑同心法鼓"。

在1704年（乾隆五年），乾隆皇帝下江南途经

同心法鼓的设摆和表演器具现在暂时存放在杨柳青石家大院

同心法鼓会员和柳滩德音法鼓会员合影

天津时有三道花会得到他的封赏，一有同心法鼓得到两面龙旗，二有远音挎鼓手得到黄马褂，三有津道鹤龄会鹤童每人得到金项圈。

同心法鼓的地址在天津市红桥区南头窑大街韩家店胡同12号同和堂公所内。同和堂公所，是在理人所在之地，在理之人不抽烟、不喝酒，在当地比较有威望。

《天津皇会考纪》及《丙子皇会写真》中都有记载，乾隆皇帝下江南路经天津的时候，同心法鼓老会曾接过驾，受过朝廷封赏。尤其是出皇会时，是不可缺少的一道花会，同心法鼓保驾五位娘娘中的"瘢疹娘娘"。

该会有资料可查的第二代传承人：会头刘筱亭，副会长姚仲明、陈子良，教师刘文琦、杨学璧等；第三代传承人：会长周宝善，副会长刘学孔、教师张治安；第四代传承人：会长刘绍周，副会长刘学孔、刘学梦；第五代传承人：会长刘鑫甫，副会长刘学文、周金铭；第六代传承人：会长郑宝林，副会长郭振德、郭振荣；第七代传承人：会长曹文贵，副会长郭振华、潘学礼；第八代传承人：名誉会长梁绪宝，会长郑金成，副会长徐文和、耿文元、李辉、刘志刚、郭云明。

解放初期，同心法鼓会曾加过政府组织的各种宣传表演活动，出会、摆会仍比较频繁。

"文革"期间，该会表演器具和设摆器具均被砸毁，只保留下几副钹、铙和四个宫灯。会里停止了全部活动。

十一届三中全会以后，响应国家复兴民俗文化、挖掘古老民间艺术的号召，1983年，同心法鼓会由南头窑当地群众郑金成、韩桂祥、郭振华三个人重新组织起来，使沉寂了许久的同心法鼓再次复兴与活跃。街道给了700元资金，用来制作该会的表演器具和设摆器具。同时，南头窑一带群众齐心合力对老会给予赞助，入会的会员有50多人，会员主动提出每人每月缴纳会费2元，有的会员除缴会费外还额外赞助，老会用这些资金逐步发展起来，添置道具，开始练习。曾受邀去第二工人文化宫、人民公园、水上

同心法鼓的钹，已有200多年历史

同心法鼓会员和皇会田野调查小组成员合影

同心法鼓的铙，已有200多年历史

公园、西沽公园、文庙、市展览馆等参加各种政府举办的庆祝活动。

同心法鼓还受西安电影制片厂的邀请拍摄了根据冯骥才原著改编的电影《泥人张》和《神鞭》。用参加这些演出的钱，添置了大部分道具：全楸木雕刻的大鼓箱子一个，茶炊子2副，样筲2副，软硬对2副，钹10副，铙10副，铬子4个，铛子4个，高照4个，灯牌8个，门旗4面，纛旗1面，手旗20面，为每个会员制作服装一套。

最早，参加同心法鼓的会员多为南头窑居民，参加者十居八九，这是一个"群众组织群众会"，依附于地方的法鼓会。会员分老年班、壮年班和童子班（少年班），老年班为八九十岁的老者，壮年班为三四十岁的中年人，童子班为十一二岁的儿童，每班约为30多人。出皇会时，三班往返交替着敲，少年班敲完以后壮年班敲，然后老年班敲。

出会时，最前行的是四个高照，四面门旗，其中有乾隆皇帝御赐的龙旗两面（仿品），还有角旗两面，软对、硬对各一对。软对上的对联是"同音声巧法通宇宙，心韵奇妙鼓震乾坤"；硬对上的对联是"同庆昇平法显吉祥，心胸舒畅鼓震神州"。里面都暗含着会名"同心法鼓"。软对、硬对最顶端是龙头，硬对上刻的图案是狮子滚绣球，软对上的图案是丹凤朝阳。然后是圆笼两副，茶筲两副，一副雕刻的九狮图图案，一副雕刻的牡丹图案。茶炊子两副，一副为三仙图案，有佛手、石榴、桃，也称荤茶炊子；一副为网

同心法鼓的头锣，已有200多年历史

花眼，也称素茶炊子。灯牌八个，每个灯牌上面写着会名"南头窑同心法鼓"。最后是大钹十二副，大饶十二副，铬子八副，铛子八副，大鼓一面坐在鼓箱当中，最后有八人抬灯亭一座，纛旗一面，四周有会员打着小旗儿维持秩序，再有打道具的人员共200多人。

2000年开始的南头窑一带大面积拆迁给同心法鼓会造成了重大损失，不仅会员大多数都搬走，分散到城市的各个角落，而且老会的会所也被拆掉，老会的道具给拉到原春德街办事处二楼两间小破屋中，屋顶漏雨，窗户没玻璃，风吹雨淋把道具损毁一部分，后经西青区文化局同意，将同心法鼓的道具全部放在杨柳青石家大院展览，至今已9年有余。该会目前一直在找市、区、街道领导解决归还该会会所这个问题，求得存放道具和练习之地。

该会从把道具等放到石家大院至今，就再无表演。在笔者2011年10月对他们进行的田野调查中，该会会员来到石家大院，进行表演，其中表演

2011年10月1日，同心法鼓在石家大院设摆表演

人员很大一部分来自于北辰区柳滩德音法鼓，目前该会没有打鼓佬。

会员认为拆迁是好事，但是规划的时候应该将本地的花会考虑进去，对民间花会应该有所保护。可是问题是在拆迁的时候，没有人规划。老会现在只是能够维持，濒危状况非常严重。

2. 河北区锦衣卫桥和音法鼓老会

目前，该会传承濒危，没有会所，没有资金来源，会头家里有部分器具，还有一部分器具借给北辰区柳滩德音法鼓使用。我们在采访该会的时候，因为经常不训练、不出会，所以会员在演习表演技艺的时候已经很生疏。现在亟需政府给予大力支持，将具有历史文化积淀的和音法鼓老会再次复兴起来。

3. 邵公庄萃韵自立吹会

邵公庄萃韵自立吹会正式成立于清道光二十二年农历七月十五（1842年），家族传承至今已有160多年的历史。该会既有法鼓，也有吹会，所以在天津市的法鼓会中也是独具特色的一道会。

该会曾经历三次严重打击。解放天津时，会里的表演器具、执事仪仗等被炸毁，后在20世纪50年代修复，但是"文革"期间破四旧又完全遭到破坏。20世纪80年代在民俗复兴的大潮中，很多别的会已经恢复，设摆时纷纷来邀请萃韵自立吹会，在这种背景下，

邵公庄萃韵自立吹会因为没有会所，器具暂时存放在天津市红桥区文化馆

邵公庄萃韵自立吹会的匾额"萃韵复鸣"

老会实现复兴。但是在2000年，邵公庄拆迁的时候，该会再次遭遇打击，不仅会所被拆迁至今无下处（会所），而且会里的人员也随着拆迁分散到市里的各个角落，传承成为一个最大的难题，至今已有十年的时间不再出会。现在，会里的部分表演器具存放在红桥区文化馆的非物质文化遗产博物馆里。那些精美的表演器具和仪仗执事静静地伫立在文化馆中，可是却没有了活态传承。目前，该会正在思考如何复兴。第八代会头姚俊岐说，我不能让这道会在我手里没了。

该会是区级非物质文化遗产，其活态传承已经濒危。

4.贾家沽道善音法鼓大轿老会

贾家沽位于天津市贾沽道与月牙河南路交汇处以北，郑庄子街道办事处东北部一带。相传燕王扫北时期，山西、河北移民来此定居，形成聚落。村子临近坑塘，土地归贾姓所有，故名贾家沽。这里的传统民间花会——贾家沽道善音法鼓大轿老会闻名遐迩。

贾家沽道善音法鼓成立于清朝乾隆年间。据传，法鼓会的技艺是由海光寺和尚传来的，起初是半文半武的法鼓，沿至咸丰年间海光寺又派江尚大和尚亲传武法鼓，共授五套歌谱、一个上擂。同治年间又蒙大直沽人梅常老师从外地寺院学习来两套歌谱传授给贾家沽道法鼓会，共计七套歌谱，一个上擂，是武法鼓。

大轿老会是在咸丰年间成立的。贾家沽村的三位老人：刘永宽大爷、刘永连三爷、肖二爷，他们曾在清宫内给西太后当过万寿山、颐和园等处的船夫差官，由他们传来八台大轿和銮驾仪仗陈设知识，并成立了大轿老会。一紫一黄两顶大轿，紫轿在前，黄轿在后，有跑落等多种表演形式。后大轿老会和法鼓老会合在一起，成为贾家沽道善音法鼓大轿老会，曾屡次出过老皇会。法鼓中有大轿作为仪仗执事的较少见，这也是善音法鼓的一个特色。

但是2003年伊始，老会所在地拆迁，会所被拆，会员四散，出会停止。一直到2012年4月，在政府的支持下，才在一个临时会所恢复。目前，该会已传承至第十一代，会员年龄结构老龄化，老中青共有六十多个人，八十多岁的有五六个，都能出来表演，还有一位会员九十岁了，也很棒。四五十岁的多，有二十来个，二十多岁的有10来个。他们现在一是缺乏会所，二是缺乏资金，三是缺乏更年轻的传承人。会长王凤梧老人说，如果能够有钱把表演器具置办齐整，他们练练肯定能在半年之内出会。

5. 西青区法鼓会

香塔老会、东寓老会、永善老会是杨柳青的三大老会，目前，东寓老会、永善老会的老艺人都已故去，后世传人各奔东西；香塔老会虽然还存在，但也处于濒危窘境，已经很少演出。

天津法鼓是在天津特定的社会文化土壤中形成的一种独特的民间广场艺术，已经有几百

贾家沽道善音法鼓2012年4月开始在临时会所恢复练习

年的历史，这一源于佛、道作法的音乐，综合了音乐、舞蹈、武术、美术等多种艺术形式。天津人创造了天津法鼓，天津法鼓也在塑造着天津人。天津法鼓雍容威严的形式和铿锵炽烈的节奏，处处表现了天津人粗犷豪迈、爽朗乐天的性格。

天津部分法鼓老会传承现状表

会种	会名	历史	传承状态	会员情况	遗产评定
法鼓	挂甲寺庆音法鼓銮驾老会	400余年	活态传承	会员老龄化严重、传承无人	国家非遗
	杨家庄永音法鼓老会	100余年	活态传承	会员老龄化严重、传承无人	国家非遗
	刘园祥音法鼓	200余年	活态传承	传承有序	国家非遗
	锦衣卫桥和音法鼓老会	300余年曾出皇会	濒危传承，10余年不表演	会员老龄化严重、会员分散	无
	红桥区南头窑永丰屯同心法鼓老会	300余年曾出皇会	濒危传承，10余年不表演	会员老龄化严重、会员分散	区级非遗
	东丽区吴咀合音法鼓老会	100余年	濒危传承，10余年不表演	会员老龄化严重、会员分散	区级非遗
	西青区东寓法鼓老会	100余年	濒危传承，10余年不表演	会员老龄化严重、会员分散	无
	贾家沽道善音大轿法鼓老会	250余年	濒危传承，10余年不表演	会员老龄化严重、会员分散	无
	邵公庄萃韵自立吹会	200余年	濒危传承，10余年不表演	会员老龄化严重、会员分散	区级非遗

20世纪80—90年代，民间各老会复兴，其中法鼓有三十余道：河东区的善音法鼓；河北区的金音法鼓、锦衣卫桥和音法鼓；河西区的挂甲寺庆音法鼓、杨家庄永音法鼓、贾沽道法鼓；红桥区的同心法鼓、萃韵法鼓、永音法鼓；南开区的同云法鼓、同乐法鼓；塘沽区的武法鼓；东郊（东丽）区的清音法鼓、万新法鼓；西郊（西青）区的杨柳青法鼓、九一九法鼓、张家窝法鼓、傅村法鼓、木厂法鼓；南郊（津南）区的葛沽法鼓、咸水沽法鼓、双港法鼓、宝辇驾前法鼓；北郊（北辰区）的荣音法鼓、刘园祥音法鼓、和音法鼓、诚音法鼓等。

在21世纪的今天，更多的法鼓会随着社会经济和文化的变迁以及城市拆迁，传承人越来越少，会员年龄普遍偏大，许多会已经不再演出，慢慢等待着活态传承的终结，等待着退出历史舞台。政府应该对这些法鼓会及时保护，为其提供可存放器具以及表演的会所，同时也提供资金支持，想方设法组织更多的新会员学习法鼓，时刻秉持保护第一的原则，在保护的基础上，可逐级申报区级、市级、国家级非物质文化遗产代表作。同时，当地政府应该对本地区的传统民间文化进行普查和存档，同时还要大力宣传和弘扬法鼓，使更多的民众了解法鼓，这也是一种保护，只有全民自觉，才能够有对民间文化保护的自觉。作为民间文化的传承人，法鼓会里的老会员都有自觉的保护意识，也都不希望看到传承了百年的老会戛然而止，成为一种绝响。

第六章

传承人口述

一、打鼓佬傅宝安

我叫傅宝安，1950年8月29日生，汉族，出生在天津市河西区挂甲寺桥西街52号，祖祖辈辈都居住于此。我们那房子都一百多年了，1999年搬到挂甲寺街崇华南里。我们老傅家人多，树大枝多。

原来的老会址也是在桥西街，就是原来老街的公所对过，叫孙家二条胡同。十一间平房连着小院儿，练习有练习的地方，还专门有人看会所，当时的会头杨大爷（杨连芳）就住在会所里。会所是私房。挂甲寺的生产大队叫董存瑞生产大队，我们家在桥西街52号，生产大队就在50号，跟我们一墙之隔。那个房是我三姑父的房子，他是地主兼资本家，归公后就当会所了。过去的法鼓会练习就在农民会，我小不点时候，奶奶就抱着去听法鼓，因为就一墙之隔，所以从小就受熏陶，我们法鼓会里的人都是熏出来的。

我小学是在挂甲寺小学，中学是六十八中。十六七岁上山下乡去邢台，务农三年，然后选调下当地煤窑。1981年才回来到无缝钢管厂工作，一直干到退休。退休之后还在好多地方补过差。

我以前没有宗教信仰，从2003年开始信佛。我奶奶信佛，我父亲不信，是党员。信佛是一种缘分，让你学着做好事儿。

我们老傅家练法鼓的可多了，有傅国立、傅同乐、傅宝坤、傅宝堂、傅宝国，还有很多人呢，有敲鼓的，有敲钹敲铙的。这"宝"字的是和我同辈的，"同"字的是上一辈的，"金"字的是爷爷辈的。老伯傅同仁打鼓打得好，人早没了，活着得一百多了。

咱这会玩钹最好的是孙尚平，舞蹈动作好，活儿干净利索，前十几年就去世了。铙是闫玉亭闫二伯的玩艺儿好！现在的会，铙没有一个赶得上闫二伯的动作。闫二伯在挂甲寺有名，50多岁就没了，他修复銮驾还给会上做各种东西。我这个钹是通过师爷、师傅点拨真传的。我练的时候，孙尚平头钹、闫玉亭头铙，他们手把手地教我。我练过武术腰腿好，他们都乐意教我。闫玉亭对我说："爷们，挂甲寺这点真玩艺儿都抖落给你了。"那阵子我天天去会上，入了迷。我当时在无缝钢管厂上班，三班倒，只要歇班儿，就一天都在会上，天天玩儿会。

我三四岁就跟着敲镲铬，七八岁就飞钹。1958年上天津市第六体育场出会，街里发一身紫色的黄云子勾衣服，我敲末钹，就是最后一道钹。后来我飞钹是领头钹。那时打鼓佬是张富春，往哪儿一设摆，没有不叫好的。那阵子腰腿也好，现在玩儿既没地方玩，也没时间练，动作就生疏了。

你玩儿得好，往跟前站，要玩儿得不好，后边自己练去。过去出会一上去敲，就是六套隔一套，如果脑子里六套隔一套不会隔、不会背，就漏傻，老一辈也不要你上。上哪儿出会都得要硬苛人，老会头常说"来帮硬苛的"，六套隔一套都得会，不会就上一边"敲铬子去"，要么"上旁边拾掇家伙去"。现在人少没办法，会一点儿就当个宝贝一样，动作出来还不如妇女扭秧歌好看，也得让他上，没人啊，你说怎么办？现在有人教，没人学。

会里一般都是男的，没有女的，因为法鼓是费力气活，不过一九八几年的时候，有四个女学生学过一阵儿法鼓，家长都特别同意敲这个。

后来因为拆迁这几个女孩子都搬走了。到现在，也没有女孩子再学过法鼓。我不保守，男女学都一样。我们现在重新组织起来的花棍就找了一些女的在练，花棍比较简单，不像法鼓需要下大力气。

过去出会村长说了算，在哪儿出会，得提前搭棚，村长吆喝，"你家出大车"，"你家出嘛出嘛"，一落会就是四五天。那阵也没有其他的娱乐活动，挂甲寺就一个法鼓，还有个花棍。男劳力都出会，蜂窝庙会、大直沽药王庙会都去。老一辈人说，会里有108把挑子灯就需要108个人，銮驾23对就需要46个人，所以挂甲寺村的男劳动力都得出会。到我这儿通知出会，我骑着自行车，全庄子转，"哎，老伯，几号几号出会啊"，我刚当会头的时候在法鼓会里属小辈儿。有的时候头天晚上开个会，通知一下。现在就是电话通知出会。会里别管玩儿会玩儿到多前儿（什么时候），都不管饭，一卸完东西，各回各家。现在要执掌这会很不容易，大家伙都住得很远，不管饭不合适，可是一管饭，会里的开支就增加了不少。现在出会也不像以前，半副銮驾就出几个有代表性的，没那么多人。拆迁以后，老挂甲寺的人搬到哪儿的都有，好多人都不敲法鼓了。现在会里多是上年纪的人，年轻人的娱乐活动多，学的人更少。

现在表演的时候会偷工减料，动作不到位，比如铁板桥，整个后背就没有成一个铁板的。一是没有那功夫，二是累、苦。

法鼓会的规矩很多，会里的东西不能随便动。你敲嘛就拿嘛，尤其鼓不能乱动。

过去老师傅们都挺严格，现在是半失传状态，说是会打，可是跟过去的姿势、音都不一样。敲法鼓要有轻重缓急，音还要齐。如果不齐，有一个贼音，就算敲坏了。

我们小时候学法鼓，在小黑板上一抄套子，就回家背。我家离会很近，奶奶老领着我去听。我三四岁敲铬子，十来岁跟着飞钹。怎么飞？没有人教，让你自己看，自己悟。我们这一伐的，我、杨炳文、田宝明、杨秉武、李宝立，十来个七八岁的小孩一块儿在农民会东屋里学。老一辈玩儿法鼓的时候，小孩儿就后面拿手拍。杨大爷有一个指头是半拉，我们叫他杨指导，挂甲寺一提半拉手指头的杨指导，就是我们会头杨连芳，他教上播的曲牌。郭瑞发教我们舞蹈动作，他的玩艺儿（舞蹈动作）不是那么好看，但是他有耐心，我们上一届的师傅们都得跟他学。他说，"我教皮毛，教出来之后，你们自己再精工细作去"。只要学会上播，这法鼓就算学成了。

老一辈传授法鼓时，不许说"仄恰"，小时候练就是"得而轮敦一恰轮敦恰恰恰"，敲铛子，也必须先学会这个歌儿。扯旗儿、六九钹、叠金钱这些上播的点必须得全部记住，错一点儿也不行。过去教的时候，"仄经仄，其咕隆咚"，小时候光教这个歌。挂甲寺小孩一出来，口里都会念"仄经仄，其咕隆咚"。上播的谱子只是在师傅们的记忆中，没有书面曲谱，所以只能通过口传身授教给下一代。

参加挂甲寺街民俗文化节出会，给了2000元费用。那次出会，我们的钹斧给压坏了。为嘛这会不能动，高照到现在烂成一摊泥，就在那儿搁着。出一次会，半副銮驾上面的赤金就脱落不少。现在就说是有钱，怎么修也是问题，没人管啊。街道、区政府不愿意让咱这法鼓去别的地方，我本身又是挂甲寺娃娃，我能让这法鼓出去吗？后来黄区长来了，他给拨了5000块钱。原来修，我得让傅同利和李相义这些会里的老人修，现在这些老人年岁大了，行动不方便，而且关键是没有钱啊。有钱了，我能让人家来修。

会上没有敛过钱。上世纪80年代的时候，还交过一两年的会费，一个月或者一季度交个三毛钱。我和杨大爷那时候管钱。那阵儿政府出会给60元。上天津"二宫"的月季花节出会给100元、200元的。十伯（傅同利）作为劳模上北京开会，从北京带回来四副钹、铙。孙尚平、闫玉亭二位师傅，下班没事，就上会上。你从家拿桌子，他从家拿木头、板子。那阵会上没有钱，上"二宫"出会，天津市工会组织的，才给50块钱。大伙儿那阵还交会费，一个人三毛钱凑一下出会。

现在人都没有了，还讲传承会规？传谁？我今年61岁，会里还有30多岁的人。现在有个范明，范家大街的人，在大胡同搞批发，41岁。就因为拆迁搬走了，他练钹。有那么七八个人是原来会里的，一拆迁找不着了。后来偶然碰到范明，就给他打电话让他参加妈祖诞辰1051周年的出会，一打电话就来了。他们都是挂甲寺娃娃，原来在会里练了十几年了。只要我傅宝安在，这会肯定垮不了。我天天祈求佛保护让这会重新发展起来。现在的老人都是硬苟人，一个顶一个的。放哪儿都行。你说现在大家都上班或者自己开买卖，怎么练习？人家说日本民间文化的发展，都是自己养自己，自己可以支配。

天津建卫600年，我们去出会，出五副钹、铙，全部灯彩。现在庆音法鼓是国家非遗，也是国家的东西。别的人投钱，算嘛！假如人家投钱了，要用会，可是政府也要用会，怎么办？那不得紧着政府嘛！我去找街里的负责人，他说，"我不光管你们法鼓，我还管着居民嘛的。"我们原来属于挂甲寺街道管，杨家庄永音法鼓也属于挂甲寺管。现在去哪儿出会，都得给挂甲寺街道打招呼，娘娘宫有一年要我们出会，还给我们写了请柬。"水大不能漫过桥"，街道就让我们去出娘娘宫的会。我们每次出会的钱都是我们自己管，买东西的钱可以去挂甲寺街里报。杨柳青石家大院向我们要过一回法鼓，让我们把半副銮驾放他们那里去。说修啊嘛的都甭管了，我们出会时他拿车给送来，出完会拿车拉走。谁敢答应？谁也不敢答应啊！挂甲寺的东西谁敢送走啊，老百姓找我要东西怎么办？

钹、铙是响铜做的，如果是腊月正在九里头，钹、铙一敲就碎了。得给会员买手套，不然，那个手一拿铙，就把手粘上了。不是大伙儿不想玩，一副钹，500多元，害怕把东西给打坏了。正月十五也不飞，光敲单歌儿。

杨大爷玩儿了一辈子会，家都不回，成天守着东西，1992年死在会所里。他死后一年多挂甲寺就拆迁，打拆迁会就没地方了，一天一天的，挂甲寺住的人都搬走了，很少有还迁的，所以大伙儿对这会很寒心。会里的老人，熊宝禄带着心脏起搏器出会，李相义上次出会，回去输液14天，没告诉咱。现在出一次会多不容易，有住万新村的、小海地的、红桥的，每次都要从很远的地方赶过来。挂甲寺1994年一拆迁，敲也不敢敲，害怕扰民。因为都是外地搬来的，哪儿的都有，人家不信你这套。你敲，扰民，他砸你玻璃。我们那玻璃你看，都给砸了。我们还没敲，光搁东西，就给砸了。

目前会里的东西都风化了，每次出完会，箱子里都是脱落的赤金。你们多给我们呼吁呼吁。这半副銮驾再坏下去，就不成朝天镫了，就成秃家雀了。能修銮驾这帮人，民间叫"嘎巴作"，天津市有个刘姐，50多岁，开个扎糊店，能修銮驾。现在没有这样的手艺人了。现在，一找有关部门，就推诿。究竟是谁管？三道法鼓属于国家非遗，有两道在挂甲寺，你不管非遗你管嘛！政府给说个明白，你说上交，也行。上面的东西总归是有数的，掉一个少一个，掉掉不就完了？这些年会里全靠李相义、冯云通、李文华、孙尚平、杨连芳、闫玉亭这些人，他们都不在了，这老玩意儿眼看也要完了。

我们会上大部分人是佛门弟子，这也是庆音老会一大特征。咱这不是挂甲寺嘛，我们从小受熏陶，天天长寺院里头，去玩儿，老姑子给东西吃。过去挂甲寺是姑子庙，我们叫二生庙。办会确实是自己愿意干，上边许愿不兑现，跟上边发牢骚没用。咱就推着走，只要现在咱有这口气，銮驾就能传承下去，再不行再想办法，实在没有办法，那没治了，那也许就是天意。咱也就这么大能耐，反正咱尽力了。

以前没有别的娱乐啊，郭瑞发说，我们就是这种"豆子"，没办法。我们那时候玩儿，在后边伺候人家，到没人的地方了，才让我们玩儿。我说怎么着？不行不玩儿吗？不玩不行，瘾大，不是我一个人，好多人都这样，现在求着都没人玩儿了。眼看这会再无会所，再无传人和资金，就要奄奄一息了。

二、打钹者李相义

我叫李相义，"双木不成林"的相，社会主义的义。我1929年出生，汉族。出生在天津市河西区挂甲寺，后来我在河东电力宿舍住过一段，挂甲寺拆迁的时候搬走，2001年搬到梅江国际老龄公寓居住。现在住的地方离会很远，但是一出会，我都去，就算不表演，我看看心里就放心，不然，老放不下会里。

我祖辈都是挂甲寺人。挂甲寺这块地界儿，过去叫鞑子地。我的老祖宗最老的一辈是山西人，其实大部分老天津人祖辈都是山西人。而且，过去的挂甲寺叫大孙庄，管辖着四十八个村，大孙庄种菜比较富裕，从来不耽误娘娘的脂粉钱，后来被赐了半副銮驾。这半副銮驾是我们会里的宝，别的法鼓会没有这玩意儿。后来，这半副銮驾和法鼓合到一块儿，半副銮驾是法鼓的前行儿，其他法鼓会的前行大都是茶炊子，我们没有。以前，设摆半副銮驾都有专门负责的人，他们不管武场，只负责文场，我是既会玩儿武场，又管文场，基本上以前的老人都会设摆半副銮驾。

我只上过短期小学，是公办的，只上半天，上到六年级。后来，就干各种活儿养活自己了。我1944年参加工作，有一定的地界儿，嘛都干，干过纺织、电力。十几岁时，在木场里砍过大木头。我1961年去电力局工作，1979年退休，已经退了30多年。我1951年结婚，两个闺女，一个小子。他们都不喜欢法鼓，平日工作太忙，他们的孩子也没有敲法鼓的。

过去的法鼓会在挂甲寺庙里头，我住的离那庙很近，很小就经常去会里玩儿。过去年轻的时候没有什么其他文娱活动，就是拍毛片，弹球，玩儿铁饼子，打尜（gá），就是一根木头，两头尖，一打就转。所以，法鼓会特别吸引我们这帮小娃娃，喜欢往法鼓会跟前儿凑，觉着热闹好玩。那时候，家里人都支持我们玩儿法鼓，这是好玩意儿，正经的娱乐。

我爷爷那一辈儿都是农民，过去都有菜园子，种菜种地，以此为生。后来日本占领时期，菜园子给炸了，我的父亲就卖菜，生活基本能维持。因为过去生活条件不行啊，我的大哥工作就早。我兄弟四个，大哥、三弟弟、四弟弟，我排行老二。就我自己练法鼓，我大哥不好这个。这个法鼓，也是兴一阶段，停一阶段，日本占领时期，它就停了。国民党时候因为战争也停一段，就打共产党来的时候，才兴旺起来。

我从小就信佛教，因为父辈信，家里也供佛。我的宗教信仰和法鼓会没嘛关系。因为法鼓会是民间的活动，跟信仰没有关系。法鼓会的会员信嘛的都有，汉、满、蒙、回，各族的人都可以参加。性别上有限制，法鼓是个体力活，一般都是男孩子耍，不让女孩儿入会。

我住的那个地界儿挨着挂甲寺庙，我住庙东，离庙近，过去法鼓练习就在庙里头，会里的东西也存庙里头。那时候，和我一起学习的一伐的人挺多。我的师傅叫徐仁，他不是会头，是老师傅，基本嘛都行。那时候，他40来岁。我们现在这些老人也都行（什么都能表演），虽然都行，但不能随便摸。说来话长，当时的会头是个混混儿，在庄子上是一霸，叫闫来德。谁都听他的，村长都听他的。历届会头得是能惹惹的人，会里有嘛事都能罩得住才行，得让会员服。传承到现在，会头起了很大作用。一般说，会头不会敲，只负责钱啊、联络啊还有处理会里的各种事情。现在的会头傅宝安会敲，同时也负责处理会里各种事。

我没有艺名，进法鼓会没有拜师仪式，不需要拜师傅。法鼓会里，一般老一伐的都是师傅，年纪小的差不多大的都是师兄弟们。我八九岁学艺，刚学的时候，大的不让摸，先摸小点的，敲铬子，先练耳音，得熟悉套子，套子熟悉了，才能开始拿小镲铬练。

过去学什么就要摸什么，八九岁的时候我身子单薄，会里面有小套的钹给我用。大多数人学法鼓的时候要先学镲铬，我还记得有一次敲镲铬的时候走神了，师傅就在后面猛踢你一下，特别疼，让你一次就记住你敲错了，过去比现在可严格多了。小孩儿总那么在会里面熏着，熏一段时间以后，有耳音了，老师傅们就会让你网上钹看看，这时候看的是你的动作，包括你网钹的姿势和站立的姿势。一看有那个意思了，才会说："给我们敲敲听听。"这时才是听你敲钹的水平。一般老师傅不随便同意你出会，要是基本功不扎实，敲错了一点，那整个队伍都可能跟着你错，就出丑了。法鼓最关键的是五音要齐，错落有致。敲错一个音，就听得特别明显。

过去学法鼓，刚开始学哪种乐器，只能摸哪种乐器，其他的都不让摸。不过像我们这种在会里年岁多的人，懂得了鼓点，基本上每种乐器都会敲，但也不能随便摸。我们对鼓特别尊敬，像我这么大岁数了，连鼓槌儿都没摸过。

会里现在比我大的老会员有两位，一个是我的大师兄，会长（傅宝安）他伯伯，叫傅同利，还有一个也姓傅，他们是哥们儿。他们都打钹，基本上我这几个师兄弟，这五音（鼓、钹、铙、铛、镲铬）都摸。但是虽然都会打，我们有会规，不能乱摸。你打嘛为主，就打嘛。哪个人缺了，才可以代替。这是会里的规矩，绝不能乱。

我记忆中，打钹打得最好的是我俩师兄，他们飞钹的姿势漂亮，动作流畅，他们都是头钹，站在钹的头一个，后面依次是二钹、三钹，头钹起领头作用，后面的钹练的时候都得看头钹的。我的爷爷那一伐是跟田庄的刘四爷学的武法鼓。有时候他们老人动作都不一样，光上撬舞蹈动作都不一样。钹、铙的动作有花大的有花小的，李玉奎的铙，那是小花，有的是大花，大花好看，动作大，速度还得快，这法鼓才能够敲得好看好听。傅宝安原来打头钹，后来当打鼓佬就不能飞钹，当头钹必须板是板、眼是眼，要不就别玩儿。

我们会训练的时间基本定在每天晚上，当时村子里种菜的人多，白天下地干活，晚上才有时间干别的。训练的地点在挂甲禅寺，当时寺庙里面有两个佛堂，一个东堂一个西堂，一般在西堂训练。为什么在寺庙里面训练？因为那时候，不让搞这些活动，我们把东西藏在了挂甲寺大弥勒佛身后的夹道里，乐器和銮驾都放在里面，才保存得这么好。解放后，挂甲禅寺改为文化站，就在文化站训练。现在因为没有地方，所以已经很少训练了，因为法鼓的声音比较大，平常一敲就害怕扰民。但是不训练也不行啊，套子嘛的就特别容易生疏，动作不练也会不统一，还得练。

过去老挂甲寺还有耍太平鼓的会，敲的也是法鼓的点儿，这种鼓下面有三个大环，三个大环下面各有三个小环，叫九环套月。过去挂甲寺多是种菜的人，冬天的时候农闲了，一家人围在一起坐着，边敲太平鼓边晒太阳。白天不去会里的时候，我们小孩就坐在家门口，两个人拍手呱，"仄恰仄恰"正好能配合起来。

我最早一次出会是在十一二岁的时候，只是跟着看会，不表演，二十多岁的时候才正式开始出会表演。会驾的五音，我看哪个人少就打哪个。我以敲钹为主，后来年纪大了，就敲铛子了。我在会里主要操持半副銮驾。每次出会不管上哪儿，我都得去。不管在哪儿住，只要会里一有活动，尤其是大的活动，就得找我去会里设摆那半副銮驾。因为那套半副銮驾得我去摆，哪个挨哪个，别人弄不清楚。会里的半副銮驾现在已经朽得厉害，每次出会都不能出全。能摆半副銮驾的人少，銮驾如果放不好，特别容易损坏，这可是娘娘赏赐的东西，可得好好保管。

以前都由专门的人负责保管设摆，现在会员越来越少，就得让更多会员学会设摆半副銮驾。这东西再这样撂下去，就更坏了，得赶快想法儿把它们保护好了，这是老祖宗留下来的东西，不能让它们在我们这一代毁了。

我是一个佛教徒，不信妈祖，但每次天后娘娘过生日，出会我都去。我得去设摆半副銮驾，行会跟着打镲铬。别看我年纪大了，但是多晚儿出会，我都去，有时候，我老伴不放心就跟着我一起出会。我还会修半副銮驾，不是专业干这个的，修得不好，但是修总比不修强点，要不看着銮驾上的赤金都扑簌簌往下掉，心里那个难受那个心疼劲儿，别提了。会里的铛楗子也是我做的，上面要嵌一枚老钱，这老钱都是我的。用老钱镶嵌的铛楗子，敲铛子的声音特别脆，特别远，好听极了。我现在已经八十多岁了，人老了，这会现在这么困难，没有会所，没有钱，会员越来越少，尤其是年轻的后辈少，真不希望这会在我们这儿玩完了。这会传承到现在不容易，都是好玩意儿，就这么糟蹋了，太可惜。

附录一
挂甲寺庆音法鼓銮驾老会传承谱系

第一代	张新斋	生卒年不祥
第二代	闫来德	生卒年不详
第三代	傅金发	生卒年不详
第四代	范宝和	生卒年不详
	陶起有	生年不详—1928
第五代	闫文和	生卒年不详
第六代	杨连芳	生卒年不详
	郭振清	生卒年不详
	徐文才	生卒年不详
第七代	孙　谦	（1936年至今）
第八代	傅宝安	（1950年至今）
	孙宝昌	（1948年至今）

注：以上均为男性。

附录二
挂甲寺庆音法鼓銮驾老会器具遗存登记表

名称	名称	尺寸（厘米）	历史年代	用途
铛子	四副	直径15	200多年	敲铛子用
镲铬	二副	直径15	200多年	敲镲铬用
钹	一副	直径30	100多年	敲钹用
铙	一副	直径30	100多年	敲铙用
鼓	一个	高95 宽95	200多年	敲鼓用
气死风灯	一对	高98 宽46	明末清初	半副銮驾（仪仗执事）
日月龙凤扇	两对	高88 宽56	明末清初	半副銮驾（仪仗执事）
方	一对	高50 宽36	明末清初	半副銮驾（仪仗执事）
艾	一对	高50 宽43	明末清初	半副銮驾（仪仗执事）
茹	一对	高50 宽35	明末清初	半副銮驾（仪仗执事）
磬	一对	高36 宽40	明末清初	半副銮驾（仪仗执事）
扇	一对	高36 宽40	明末清初	半副銮驾（仪仗执事）
元	一对	高50 宽36	明末清初	半副銮驾（仪仗执事）
蝠	一对	高50 宽36	明末清初	半副銮驾（仪仗执事）

（续）

名称	名称	尺寸(厘米)	历史年代	用途
长	一对	高50宽36	明末清初	半副銮驾（仪仗执事）
鱼	一对	高50宽36	明末清初	半副銮驾（仪仗执事）
罐	一对	高40宽26	明末清初	半副銮驾（仪仗执事）
花	一对	高36宽40	明末清初	半副銮驾（仪仗执事）
朝天镫	一对	高36宽40	明末清初	半副銮驾（仪仗执事）
钺斧	一对	高44宽50	明末清初	半副銮驾（仪仗执事）
金瓜	一对	高34宽38	明末清初	半副銮驾（仪仗执事）
轮	一个	高30宽28	明末清初	半副銮驾（仪仗执事）
螺	一个	高28宽25	明末清初	半副銮驾（仪仗执事）
伞	一个	高26宽34	明末清初	半副銮驾（仪仗执事）
盖	一个	高30宽26	明末清初	半副銮驾（仪仗执事）
九曲黄罗伞	一对	高180宽150	解放后	半副銮驾（仪仗执事）
软对	一对	高150宽36	解放后	仪仗执事
硬对	一对	高150宽36	解放后	仪仗执事
高照	两对	高36宽36	解放后	仪仗执事

附录三

挂甲寺庆音法鼓銮驾老会会员状况表

姓名	擅长乐器	职务	年龄	学艺年龄	宗教信仰
傅宝安	鼓、钹、铙铛子、镲铬	会长	61	3	佛教
王芝玉			71		佛教
闫成杰	铛子、镲铬	理事	76		
李相义	钹、铛子、镲铬		83		佛教
傅同利	钹、铛子、镲铬		86		
傅同林	钹		87		佛教
熊宝禄	钹、铛子、铙		83		
宋淑英			80		佛教
傅宝堂	钹、铛子		78		佛教
李玉奎	钹、铛子		69		佛教
孙宝昌	钹、铛子		63		
张新甫	铛子、镲铬		65		佛教
刘永德	镲铬		65		
魏龙涛	镲铬		64		
张来有		理事	63		

（续）

姓名	擅长乐器	职务	年龄	学艺年龄	宗教信仰
陶起贵	铛子、镲铬		77		佛教
王茂永	铛子、镲铬		63		
李 克	铛子		64		佛教
王国斌	钹、铛子		64		
王惠项			66		
于富友	铙、镲铬		63		佛教
傅宝来	钹、铛子		62		
侯永来	镲铬		60		
张贺庆	铙		54		
陶俊海	铛子、镲铬		53		
李凤年			60		
李凤华			53		
马俊龙			50		佛教
范 明	钹		41		佛教

附录四
挂甲寺庆音法鼓銮驾老会相关方言称谓

1.赛：天津方言，像什么似的。

2.薏薏：天津方言，有不办正事，瞎胡闹的意思，但是在这里的意思是能张罗。

3.一番：法鼓表演时，表演一次，叫一番，表演两次，叫两番，依此类推。

4.硬苛人：技术过硬之人。

5.前行：法鼓队前面的仪仗执事等。

6.手彩儿：表演者手中所执各种表演道具等。

7.替肩：打执事的人累了，另有替换的人称为替肩。

8.砸对砸对：指敲一通法鼓。

9.一伐：即一批，指同一时期的人。

10.全人：在此指一个人父母健在，兄弟姐妹健康。

11.銮驾：又名銮舆，指皇帝的车驾。半副銮驾指仪仗执事齐备，独缺轿辇。

12.歌儿：法鼓的曲谱，称曲套，也称歌儿。

13.会腻：指非常爱会，一天到晚都想呆在会里的人。

14.倒头：指人过世。

15.撒吃食：撒放一些吃的。

16.会道：各会行会时一般有固定的行会路线，称为会道。

17.大摆：大规模设摆。

18.玩会：也称玩儿会，指入会参加表演或做一些服务工作。

19.豆子：称玩儿法鼓上瘾的人。

20.熏耳音：指通过经常听法鼓演奏熟悉法鼓曲套。

21.灯彩：指法鼓在晚上表演时，所有的仪仗执事要点上蜡烛。

22.搭棚：旧时出会，要搭临时席棚摆放法鼓会器具，称为搭棚。

23.叉经叉：也称"恰经恰"，用法鼓演奏的声音比喻法鼓。

24.常行点：指法鼓会行会时各种表演器具敲的点。

25.黄报：旧时法鼓会出会时要提前张贴，内容为出会的时间、地点等，用黄纸写，所以称"黄报"。

26.开场子：指法鼓会表演前要先把表演场地开辟出来，让围观的群众向后退，称开场子。

27.出巡：天津天后宫妈祖农历三月二十三日诞辰时，有出巡仪式，将妈祖娘娘像和轿辇从天后宫请出沿街散福，称为出巡。

28.靠色（shǎi）儿：介于蓝、绿之间的一种颜色，相当于古代五色中的"青"。

29.打鼓佬：敲鼓者，通常一道法鼓会只有一个。

30.起吧起吧：两会相遇，互相闷点停止表演后，再重新开始表演时，会头之间互相说"起吧起吧"，意思是重新起点。

31.一拨头：一扭头或一扭身的意思。

32.飞：主要指上擂时钹、铙的表演动作，一般指飞钹、飞铙。

33.嘎巴作：旧时制作和修理工艺品的小手工业作坊。

34.哨鼓：法鼓开始表演或召集法鼓会员时要哨鼓，一般节奏为由慢到快，由弱到强，再由强到弱。

后记

　　2011年农历三月二十三，这天是妈祖娘娘诞辰1050周年，天后宫内香客、游客摩肩接踵，各花会在天后宫内大型设摆。我们在采访妈祖祭典仪式的过程中，被一组精美的仪仗器具所吸引，金瓜、钺斧、朝天镫、元、方、日月龙凤扇，各个精美绝伦，后面矗立着大纛旗，上写着会名"挂甲寺庆音法鼓銮驾老会"，我们找到会头傅宝安，向他拜了一张会帖，说定择日上他们临时会所进行田野采录工作，傅会头爽快答应。

　　挂甲寺庆音法鼓銮驾老会，有着几百年的历史，在天津众多法鼓会中独树一帜，是因了它的半副銮驾。相传，这半副銮驾为明朝一位娘娘所赐，因为没有辇，故称半副銮驾。这既是历史的见证，同时也具有文物价值。庆音法鼓也是为数不多的传承至今的法鼓老会，并于2008年被列入国家级非物质文化遗产名录。作为城市中的民间花会，仍然在原生态、活态传承，其表演程式仍秉承传统，既没有被产业化，也没有被官方政绩化，具有鲜明的地域性、文化性、艺术性和遗产性。

　　2011年秋天，我们开始对庆音法鼓进行采访，一是到会员家里采访，二是在临时会所采访，三是跟他们一起出会。庆音法鼓分文场和武场，文场为半副銮驾及其他仪仗执事，武场为鼓、钹、铙、铛、镲铬五种乐器的敲击与表演，出会时分行会和设摆，有时晚上表演还要点灯彩，灯光摇曳，煞是好看。该会五种乐器的演奏曲牌分别是：《对联》《桥头》《瘸腿》《绣球》《连卒炮》《双桥》《老河西》，讲究阴阳相和、五音整齐、铿锵有势。钹、铙的上播动作更是舒展、遒劲、迅猛，具有独特的技艺特点。

　　但是庆音法鼓的传承现状仍然令人堪忧，伴随着1994年挂甲寺地区的拆迁，老居民分散到各处居住，面临着传统社区的解体、会所的缺失和经费的紧张、会员老龄化和青黄不接情况严重，每次出会都以六七十岁的老人为主力，而年轻的后备力量很少。这样势必会对庆音法鼓的原真性、整体性以及活态传承性造成严重破坏。

庆音法鼓的器具在"文革"时期因为被藏在农业社里，用喂牲口的干草和马粪埋了起来，因此得以躲过一劫。可是因为城市拆迁，会所几次搬迁，造成了器具的严重损坏。每提及此事，傅宝安都落泪不已。几位老人曾经一看到彻底被损害的角质高照和其他仪仗器具，噗通一下跪在地上，这是被他们视为生命和血液的东西。非物质文化遗产的保护既要保护其非物质性遗产，也要保护其物质性遗产。物质性遗产是有形的载体，承载的是该会的历史、价值与精神。

庆音法鼓作为一个以地缘性为纽带的城市民间花会组织，在"非遗后"的时代，应该得到政府、专家、传承人、民众更好的保护，它不能够再度濒危。该会的物质性文化遗产和非物质性文化遗产都应该被继续传承下去。我们想借此书，为其立档，对其文化遗产价值进行宣传和弘扬，希望能有更多的人来保护我们的文化遗产。

2013年8月10日

于天津大学冯骥才文学艺术研究院

图书在版编目（CIP）数据

挂甲寺庆音法鼓銮驾老会／史静，郭平著. —济南：山东教育出版社，2014

（天津皇会文化遗产档案／冯骥才主编）

ISBN　978-7-5328-8155-0

I.①挂…　Ⅱ.①史…　②郭…　Ⅲ.①风俗习惯－史料－天津市　Ⅳ.①K892.421

中国版本图书馆CIP数据核字(2013)第223928号

天津皇会文化遗产档案丛书
挂甲寺庆音法鼓銮驾老会
冯骥才　主编

主　管：山东出版传媒股份有限公司

出版者：山东教育出版社

　　　　（济南市纬一路321号　　邮编：250001）

电　话：(0531)82092664　　传真：(0531)82092625

网　址：http://www.sjs.com.cn

发行者：山东教育出版社

印　刷：山东临沂新华印刷物流集团有限责任公司

版　次：2014年6月第1版第1次印刷

规　格：787mm×1092mm　　16开本

印　张：10.25印张

字　数：125千字

书　号：ISBN 978-7-5328-8155-0

定　价：65.00元

（如印装质量有问题，请与印刷厂联系调换）

印厂电话：0539-2925659